Lampenschirm mit Holzleisten und Hobelspänen. Genaue Arbeitsanleitungen befinden sich im Bastelbuch „Holzspäne“ S. 16

Ein kleines Vorwort

Sie wollen eine Lampe basteln? Der Natur ein Schnippchen schlagen und die Nacht zum Tag machen?
Sie wissen, daß Lampen sehr viel mehr vermögen, als nur Helligkeit zu erzeugen: denken Sie an die so unterschiedlichen Stufen von Helligkeit, erinnern Sie sich an die Stunden, die Sie bei behaglichem, wohnlichem, gemütlichem, schummerigem, trautem, wohligem, stimmungsvollem, bei malerischem, bei strahlendem, klarem Lampenlicht genossen haben!
Vermutlich haben Sie, die Sie dieses Buch lesen, nicht genug Gefallen gefunden an industriell gefertigten Lampen und möchten eine Lampe besitzen, die genau Ihren Wünschen entspricht: die Sie selber gearbeitet haben und die an den Ort, für den sie vorgesehen ist, eben paßt.

Dazu ein paar Tips:

Bedenken Sie bei der Auswahl der Lampengrundform den *Ort,* an dem Ihre Lampe hängen (oder stehen) soll (große Kugelformen eignen sich nicht für kleine Räume), bedenken Sie den *Stil,* in dem Sie Ihre Wohnung eingerichtet haben (eine elegant gestaltete Lampe paßt schlecht in eine im bäuerlichen Stil gehaltene Wohnung) und bedenken Sie schließlich den *Zweck,* den die Lampe am künftigen Ort erfüllen soll: ob sie ein gedämpftes, warm wirkendes Licht aussenden soll (wie Sie es im Wohnzimmer vielleicht gerne hätten), oder ob Sie eine Beleuchtung für Schreibarbeiten benötigen; in diesem Fall sollte das Licht möglichst hell sein, also (fast) ungehindert durch die Lampe strahlen.

Wenn Sie sich entschieden haben, für welchen Ort, in welchem Stil und für welchen Zweck Sie eine Lampe basteln möchten, dann denken Sie bitte noch an Folgendes:

- An einem Eßplatz sollte direkt auf den Tisch möglichst viel helles Licht, dagegen möglichst wenig auf die Stühle „fallen“. Die Lampe soll genau nur so hoch aufgehängt sein, daß man sich noch gut in die Augen blicken kann. In Zahlen ausgedrückt heißt das: die Lampe hängt etwa 40 cm über der Tischplatte.
- Für einen Arbeitsplatz benötigen Sie eine Lampe, die Ihre Arbeit genau beleuchtet. Sie brauchen also eine Lampe, die möglichst viel helles Licht abgibt. Zu diesem Zweck eignen sich dunkle Materialien nicht. Achten Sie also sowohl bei der Wahl der Lampe als auch beim Aufhängen darauf, daß Sie bei der Arbeit etwas sehen wollen.
- Für ein Wohnzimmer (und den Schlafraum) schließlich kommt es darauf an, ob Sie eine schummerig-traute oder eine helle Beleuchtung vorziehen. Für den ersten Fall eignen sich Tischlampen (auch Bodenstehlampen) ganz ausgezeichnet. Gerade mit Tischlampen können Sie durch das Zusammenspiel von Farbe, Material und Form der Lampe Ihrem Raum einen besonderen Schmuck verleihen.

Was Sie für das Basteln von Lampen benötigen

- Ein Lampendrahtgestell (oder entsprechende Ringe). Da man die Bespannung öfters wechseln kann, erhält man auf preisgünstige Weise immer wieder „neue" Lampen. Achten Sie bitte darauf, daß der Draht isoliert ist, damit er nicht rosten kann. Eine solche Isolierschicht verhindert außerdem, daß die Lampe wegen einer eventuell schadhaften Anschlußleitung unter „Strom steht".
- Lampenschirmpapier (das ist ein hitzebeständiges, flammensicheres Spezialpapier, das die Glühbirne verdecken und für gleichmäßiges Licht sorgen soll).
- Material, das Sie zum Basteln verwenden
- Klebe- oder Nähzeug.
- Aufhängung oder Ständer für den Lampenschirm.
- Anschlußleitung VDE-gemäß.

In diesem Buch wird nur auf das Basteln von Lampenschirmen eingegangen. Die Aufhängung oder den Ständer besorgen Sie sich bitte als fertiges Teil.

Und noch ein Letztes: Ob Sie sich eine *Lampe* oder eine *Leuchte* basteln, bleibt Ihnen überlassen. Seit etwa 1950 wird im kunstgewerblichen Bereich eine Lampe „Leuchte" genannt. Der Namensunterschied soll uns – jedenfalls auf den nächsten Seiten – nicht plagen. Doch wen es interessiert: das Wort „Lampe" hat seinen Vorfahren in der altgriechischen Sprache (lampas), das Wort „Leuchte" dagegen stammt aus der germanischen Sprachfamilie. Im übertragenen Sinn wird auch von gewissen Personen als „Leuchten" gesprochen, doch dazu mögen andere zählen!

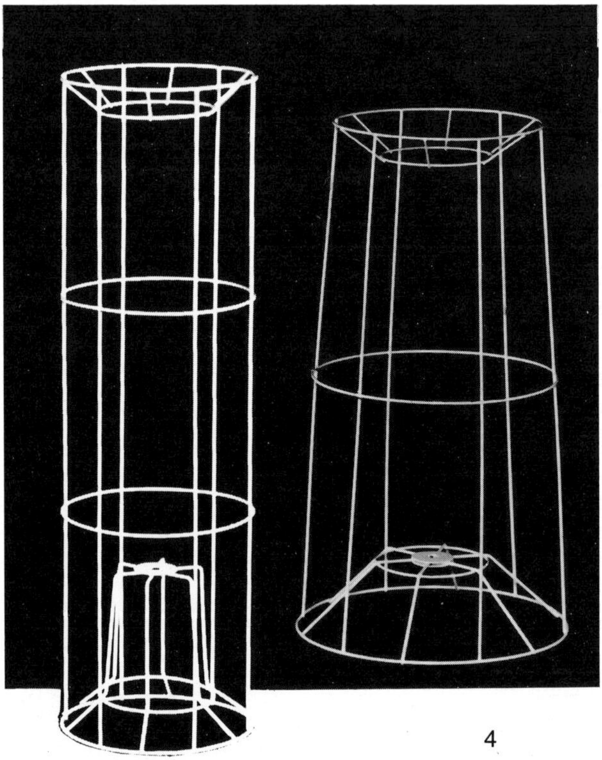

Bild links:
Drahtoberteile für Stehlampen mit einer Höhe von 680–840 mm

Bild rechts:
Hier sehen Sie die gebräuchlichen Formen der Lampendrahtgestelle für Hängeleuchten, die Sie im Bastelgeschäft erwerben können.

Drahtgestelle für *Bodenstehlampen, Tischleuchten* und kleine *Stehlampen.* Die hier gezeigten Formen werden Sie im Fachhandel vorfinden.

Lampen, beflochten mit Garnen und Bändern

Material

Kugelförmiges Lampenschirmdrahtgestell, 40 cm ∅, 32 cm hoch; Jutegarn, 6 mm ∅, etwa 60 m (in vielen Farben erhältlich); Bast, 1 Strängchen in der gleichen Farbe wie das Jutegarn; Nähzeug, Fadenfarbe wie das Jutegarn;
Lampenschirmpapier (Zuschnitt: Höhe 32 cm; die Breite wird dadurch errechnet, daß man die Länge des Durchmessers des oberen Innenrings ausmißt, mit 3,14 malnimmt und 1 cm als Klebefläche zugibt);
ca. 30 cm doppelseitig haftenden Klebeband;
Anschlußleitung mit Schraubfassung; die Litze könnte etwa 1 m lang sein.

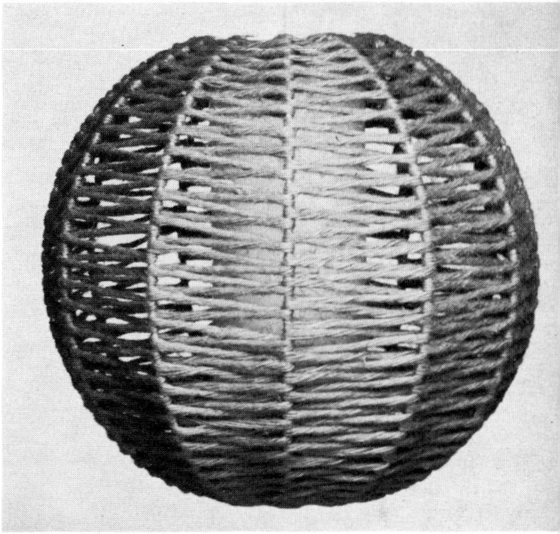

Mit dickem Jutegarn (6 mm ∅) umflochtener Lampenschirm. Jede Reihe wird einzeln geflochten (siehe Seite 47 Kreuzgeflecht 6b).

Anleitung

Umwickeln Sie den oberen und unteren Ring des Schirms mit dem verbreiterten Bastfaden; Anfang und Ende der Bastfäden werden verklebt. Wenn die Lampe mit einem sehr durchsichtigen Material (z. B. dünne Leuchtenbänder oder sog. Chilainebänder) gearbeitet wird, umwickeln Sie am besten alle Drähte mit dem Bast. So verhindern Sie, daß man die Lackschicht der Drähte sieht.
Diejenigen Stellen, an denen das Flechtmaterial voraussichtlich weniger gut halten wird, also verrutschen könnte (Mitte der Drähte, an den Stellen der starken Krümmungen), bekleben Sie mit dem doppelseitig haftenden Klebeband.
Nun befestigen Sie am oberen Ring des Schirms das Flechtgarn, indem Sie es möglichst unsichtbar vernähen. Es ist günstig, wenn Sie für jede Reihe ein entsprechend langes Stück Garn vom Knäuel abschneiden.

Beginnen Sie nun mit dem Flechten: führen Sie den Faden nach rechts um den Draht, dann links über den Draht und um ihn herum und wieder nach rechts, wie beschrieben. Mit etwas Phantasie sehen Sie längliche Achterformen zwischen zwei Drahtstäben entstehen.
Achten Sie darauf, daß die Zwischenräume genug Platz für eine Fadenbreite der nächsten Reihe rechts bieten! Ein Blick auf die Abbildung rechts oben verdeutlicht Ihnen diesen Hinweis.
Sind Sie am unteren Ring des Schirms angelangt und haben Sie die erste Reihe Ihrer Lampe beendet, vernähen Sie den Faden besonders sorgfältig, denn gerade der untere Rand der später hängenden Lampe ist für den Betrachter sichtbar!
Ihre Lampe ist erst dann fertig, wenn Sie nach dem vollständigen Beflechten auch noch das Lampenschirmpapier „einziehen“. Kleben Sie das Papier mit dem Klebe-

Halbkugelform mit Hut, 38 cm ∅

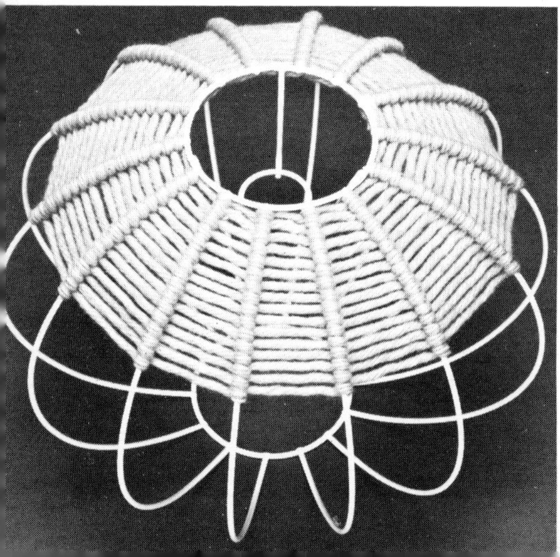

band zu einem Schlauch und führen Sie diesen so in den Schirm ein, daß er am oberen und unteren Innenring anstößt. Mit einigen Zierstichen aus Bastfaden befestigen Sie den Schlauch an diesen Stellen.

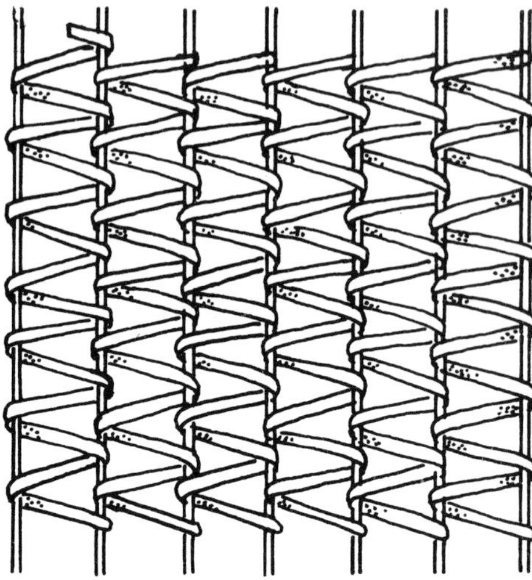

Kreuzgeflecht

Eine bewährte Flechtart für Bänder und Garne.
Jede Reihe wird der Länge nach einzeln beflochten.

Variationen

Statt des Jutegarns können auch Flechtbänder (sog. lichtdurchlässige Leuchtenbänder) verwendet werden. Der Materialverbrauch ist dann, in Metern gemessen, entsprechend niedriger als für das Jutegarn. Bänder sollten für diesen Zweck nicht breiter als 1,5 cm sein. Sie können auch dünne Garne (z.B. Viskosegarne) oder auch andere Flechtarten verwenden.

◄

Diese Lampe sollte mit Viskosewollgarn, 6 cm ∅, beflochten werden.

Mit dickem Jutegarn umflochtene Halbkugel

Lampen, beflochten mit Garnen und Bändern

Material

Lampenschirmdrahtgestell FALAG Nr. 96209 (40 cm ∅, Höhe 28 cm);
Jutegarn, 6 mm ∅, etwa 50 m;
Bast, 1 Strängchen in der gleichen Farbe wie das Jutegarn;
Nähzeug, Farbe wie das Jutegarn;
Anschlußleitung mit Schraubfassung; die Litze könnte etwa 1 m lang sein;
evtl. 30 cm doppelseitig haftendes Klebeband.

Flechtweise:

Bei der rechts abgebildeten Lampe wird das Garn von unten um den Stab herum gewickelt, dann zum nächsten Stab usw.

Anleitung

Umwickeln Sie alle Drahtteile mit dem verbreiterten Bastfaden; Anfang und Ende des Fadens werden verklebt.
Beim Bewickeln mit dem Jutegarn sollte jeder zweite Drahtstab an der starken Biegung mit dem Klebeband beklebt werden, damit das Garn gut hält. Einige Tropfen Kleber tun es ebenso gut.
Die hier gezeigte Flechtart wird von links nach rechts herum gearbeitet. Nähen Sie den Anfang des Garns an einem Längsstab am oberen Ring fest. Führen Sie den Faden zum nächsten rechten Stab, wickeln Sie das Garn um diesen Stab herum und führen Sie das Garn zum nächsten Stab usw. (siehe Abbildung oben).
Bei diesem Lampenmodell können Sie am unteren Ring noch eine Knüpfborte anbringen. Knüpfen Sie aus der Jute Fransen von etwa 5 cm Länge an den Ring an; dazu benötigen Sie etliche 12 cm lange Stücke des Jutegarns.

Und noch ein Hinweis: Diese Lampe verträgt eine Glühbirne, die nicht mehr als 60 Watt hat!

Kugelleuchte, mit dünnem Jutegarn umwickelt

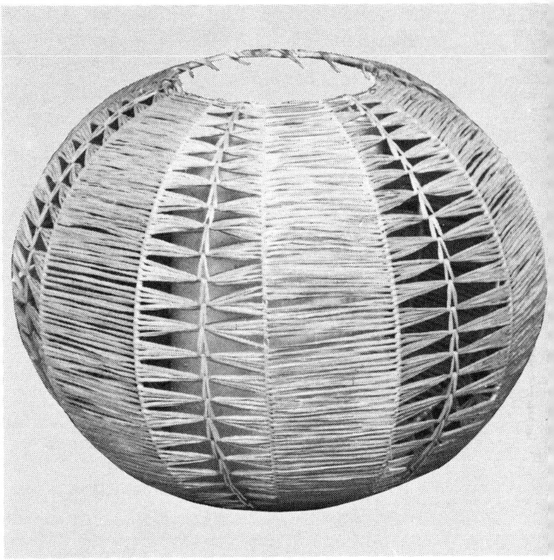

Kugelleuchte, mit Bast umwickelt und geknüpften Längsreihen

Lampen, beflochten mit Garnen und Bändern

Material

Lampenschirmdrahtgestell, 35 cm ∅;
Bast, 180 m;
Alleskleber;
Lampenschirmpapierschlauch – Fläche: messen Sie die Länge des Durchmessers des oberen Innenrings aus, multiplizieren Sie diese Zahl mit 3,14 und geben 1 cm als Klebefläche zu; diese Zahl ergibt die Länge des Papiers. Die Breite entspricht der Höhe Ihres Drahtgestells;
Anschlußleitung mit Schraubfassung.

Anleitung

Umwickeln Sie den oberen und unteren Innenring des Drahtgestells mit Bast, verkleben Sie dabei Anfang und Ende des Fadens gut. Die Arbeitsweise der Flechtart entnehmen Sie der Anleitung auf der linken Seite. Kleben Sie während des Wickelns den Bastfaden öfters am Draht, damit gleichmäßige Abstände entstehen.
Nach dem Umwickeln beginnen Sie mit dem Knüpfen jeder zweiten Längsreihe, indem von oben angefangen doppelter Bastfaden von „vorne", also von Ihnen aus gesehen außerhalb der Kugel, über 4 Bastreihen hinweg nach „hinten" geführt wird. Von hinten führen Sie den doppelten Faden *zwischen* den zwei Fäden durch, sind dann vorne und umschlingen dann wiederum etwa vier Bastreihen, ziehen diese zusammen und führen sie wieder zwischen zwei Fäden durch usw.

Nach dem vollständigen Beflechten und Beknüpfen wird der Papierschlauch eingezogen. Bitte versäumen Sie nicht, den Schlauch anzubringen, sonst wird der „Durchblick" auf eine Glühbirne Ihre Freude an der Bastelei immer trüben. Kleben Sie den Schlauch mit einem Spezialklebefilm zusammen, führen Sie ihn in das Gestell ein und befestigen Sie diesen mit einigen Zierstichen (mit Bastfaden) an den Innenringen.

Lampen, beflochten mit Garnen und Bändern

Material

Lampenschirmdrahtgestell, ca. 135 cm hoch (FALAG Nr. 96283);
Leuchtenband, 15 cm breit, ca. 70 m;
Fußgestell, ca. 70 cm hoch (FALAG Nr. 96290);
Anschlußleitung, 200 cm lang (FALAG Nr. 96410)

Anleitung

Umwickeln Sie alle Drahtteile mit dem verbreiterten Bastfaden; Anfang und Ende des Fadens werden verklebt.
Dann bespannen Sie das Drahtgestell so, wie es die Skizze unten zeigt. Vernähen Sie Anfang und Ende des Bandes möglichst unsichtbar! Das Band sollte am unteren Außenring gleichmäßig nebeneinander, am unteren Innenring und an den oberen Ringen entsprechend übereinander liegen.
Auch bei dieser Spannweise empfiehlt es sich sehr, einen Schlauch aus glattem, hellem Lampenschirmpapier einzuziehen. Größe des Schlauchs: Messen Sie die Durchmesser der Innenringe aus, nehmen Sie diese Zahl mit 3,14 mal und geben Sie 1–2 cm als Klebefläche zu. Diese Zahl ergibt die Länge des Schlauchs; die Breite ermitteln Sie durch Abmessen des Abstandes der Innenringe voneinander. Führen Sie den fertigen Schlauch in das Gestell ein und befestigen Sie ihn mit einigen Stichen (Bastfaden).

Diese Lampenform kann auch mit Stoff und mit strukturiertem Lampenschirmpapier bezogen werden!

Diese Spannweise eignet sich nur für gut lichtdurchlässige Bänder! ►

Bodenstehleuchte, bespannt mit Leuchtenband (ca. 135 cm hoch)

Spannart

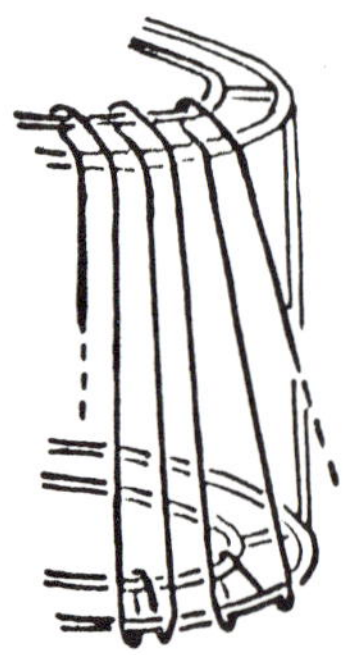

Variationen

Konische (also kegelförmige) Drahtformen eignen sich besonders gut als Aufsätze für hübsche Flaschen, Vasen, Amphoren usw.
Zum Bespannen kann grobfaseriges Sisalgarn und auch strukturiertes Lampenschirmpapier verwendet werden.
Die speziellen Anschlußleitungen mit den Korken oder Plastikstöpseln und dem Schraubverschluß sind im Fachhandel erhältlich.
Auf den letzten Seiten dieses Buches finden Sie die Erklärungen dazu, wie die Ober- und Unterteile miteinander verbunden werden.

Hier sehen Sie, wie die Drahtform auf der Flasche „sitzt“: eine Birnenklemme am Drahtgestell verbindet den Schirm mit dem „Dreibein“, das in der Flasche steckt und an dem die Anschlußleitung angebracht ist.

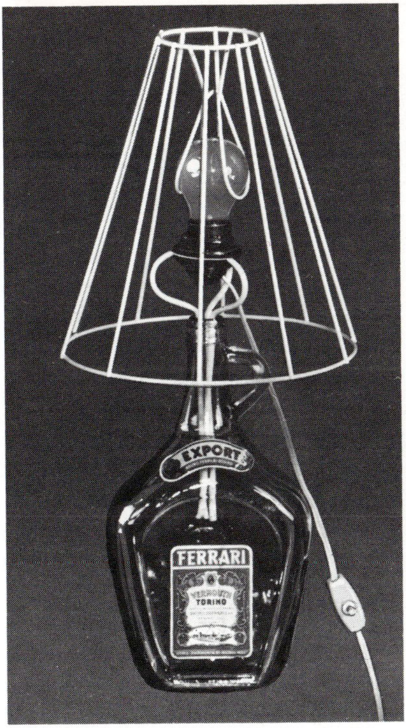

Tischstehleuchte, 55 cm hoch

Lampen, beflochten mit Garnen und Bändern

Material

Lampenschirmdrahtgestell (FALAG Nr. 96227);
Fußgestell (FALAG Nr. 96276, 38 cm)
Zellwollgarn, 3 mm ∅, etwa 360 m (in 8 Farben erhältlich);
Bast, 1 Strängchen, in der gleichen Farbe wie das Zellwollgarn.

Anleitung

Das Oberteil ist mit Zellwollgarn in der Makrameetechnik gearbeitet. Zunächst 120 Stücke Garn mit einer Länge von 3 m zuschneiden. Dann mit dem verbreiterten Bastfaden alle Drahtteile umwickeln.
Hängen Sie rechts und links der Drähte am unteren Rand der Lampe je einen Faden des Zellwollgarns so ein, daß die inneren Fäden um 5 cm länger sind als die Drähte (siehe Skizze 8, S. 49) und beknüpfen Sie alle Längsdrähte dicht mit Flachknoten.
Zwischen die Drähte hängen Sie jeweils 6 Fäden auf die Hälfte gelegt ein, so daß 12 Fäden hängen. Mit den mittleren 4 Fäden knüpfen Sie 4 Flachknoten übereinander. Rechts und links davon knüpfen Sie nun mit je 4 Fäden 1 Spirale (so entstehen 7 halbe Flachknoten von rechts und gegengleich von links). (Siehe Zeichnung S. 48.)
Von der Mitte aus knüpfen Sie schräg zum Rand Rippenknoten, den Leitfaden ziehen Sie mit einer Häkelnadel durch die Randschlinge und knüpfen Sie nun eine Rippenknotenreihe von rechts und links schräg zur Mitte, so daß eine Raute entsteht. Zuvor arbeiten Sie noch mit allen in der Mitte hängenden Fäden einen Flachknoten.
Wiederholen Sie dieses Muster bis oben, knüpfen Sie den Rand ab und vernähen Sie die Fäden nach innen.

Hängeleuchte
Halbkugelform mit „Hut"

Material

1 Drahtgestell (FALAG Nr. 96207);
Zellwollgarn, 3 mm ∅, ca. 420 m;
Bast, in der gleichen Farbe wie das Garn,
1 Strängchen;
Anschlußleitung.

Anleitung

Schneiden Sie aus dem Zellwollgarn 140 Stücke von je 3 m Länge.
Umwickeln Sie mit dem verbreiterten Bastfaden alle Drahtteile.
Hängen Sie rechts und links der Längsdrähte je einen Faden so ein, daß die inneren Fäden um 5 cm länger sind als die Drähte (siehe Abbildung rechts oben). Dann werden alle Drähte dicht mit Flachknoten beknüpft.
Zwischen die Drähte hängen Sie jeweils 8 Fäden auf die Hälfte gelegt so ein, daß 16 Fäden auf dem unteren Gestellrand hängen. Mit jeweils 8 Fäden knüpfen Sie nun 2 Flachknoten nebeneinander. Hängen Sie 2 Randfäden rechts und links mit einer Häkelnadel in die Randschlingen ein, knüpfen Sie versetzt in die Mitte einen Flachknoten, nochmals versetzt 2 Flachknoten und dann von der Mitte aus schräg zum Rand 3 Reihen Rippenknoten. Hängen Sie die Leitfäden am Rand ein, knoten Sie mit allen Fäden in die Mitte einen großen Josefinenknoten und vom Rand aus schräg zur Mitte 3 Reihen Rippenknoten (Zeichnung S. 48). Hängen Sie die Leitfäden wieder am Rand ein, knüpfen Sie wieder 2 Flachknoten rechts und links mit jeweils 8 Fäden, wiederholen Sie diesen Vorgang dreimal versetzt und ziehen Sie dann zu beiden Seiten am Rand je 4 Fäden nach innen und verwahren (vernähen) Sie diese.
Mit den restlichen Fäden knüpfen Sie bis

45 cm ∅, 28 cm hoch, beknüpft mit Zellwollgarn in der Makrameetechnik

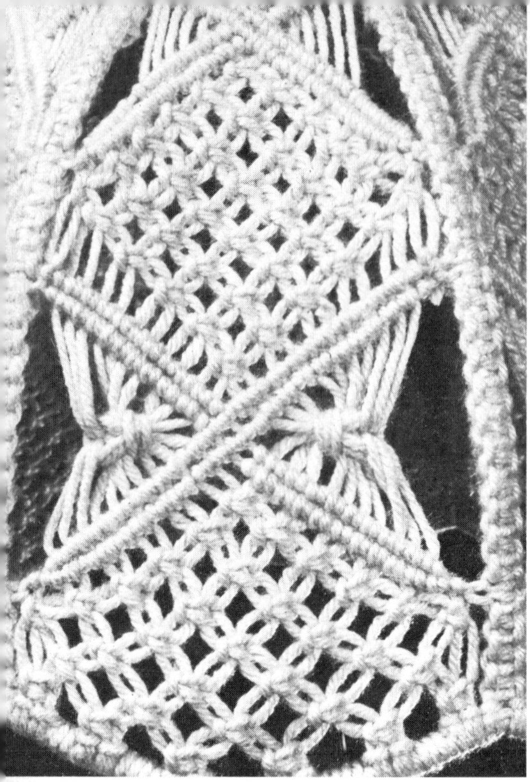

Glockenform, mit Zellwollgarn beknüpft

zum oberen Zwischenrand versetzt einen Flachknoten. Knoten Sie diesen mit ein. Mit allen noch hängenden Fäden knüpfen Sie noch Flachknotenreihen (Säulen) bis zum oberen Rand. Knüpfen Sie diese dann ab und verwahren Sie sie nach innen.

Lampen, beflochten mit Garnen und Bändern

Material

Drahtgestell (FALAG Nr. 96225);
Zellwollgarn, 3 mm ∅, etwa 350 m;
Bast, 1 Strängchen, gleiche Farbe wie das Garn;
Anschlußleitung mit Schraubverschluß.
(Häkelnadel)

Anleitung

Schneiden Sie zunächst aus dem Garn 112 Stücke mit einer Länge von je 3 m. Umwickeln Sie alle Drahtteile mit dem verbreiterten Bastfaden.
Hängen Sie rechts und links der Drähte je einen Faden so ein, daß die inneren Fäden um 5 cm länger sind als die Drähte (siehe Skizze 8, S. 49). Beginnen Sie mit dem Einhängen der Garnfäden am unteren Rand der Lampe. Beknüpfen Sie alle Drähte dicht mit Flachknoten. Zwischen die Drähte hängen Sie je 12 Fäden zur Hälfte gelegt (= 24 hängende Fäden) ein.
Arbeitsweise für 1 Feld: Knoten Sie mit je 4 Fäden im Netzstil Flachknoten versetzt (8 Reihen schräg zur Spitze). Knüpfen Sie nun mit je 12 Fäden von rechts nach links 2 Reihen Rippenknoten zur Mitte, mit allen Fäden rechts und links einen Flachknoten und über Kreuz wieder 2 Reihen Rippenknoten nach außen und lassen Sie das Netzmuster aus Flachknoten versetzt spitz auslaufen.
Vor Beginn aller Rippenknotenreihen zie-

hen Sie mit der Häkelnadel die Leitfäden durch die Randschlingen, knoten nach dem zweiten Netzmuster 2 Reihen Rippenknoten und ziehen rechts und links je 6 Fäden nach innen, die dort verwahrt werden. Mit den restlichen 6 Fäden von rechts und links knüpfen Sie nach außen 2 Reihen Rippenknoten, hängen die Leitfäden am Rand ein, knoten 3 Reihen versetztes Netzmuster und verwahren rechts und links je 2 Fäden nach innen.

Mit den restlichen Fäden knoten Sie bis oben Netzmuster, knüpfen den Rand ab, verwahren die Fäden nach innen. Diesen Arbeitsgang wiederholen Sie in den übrigen Feldern. Umknüpfen Sie zum Schluß noch das Kabel mit Flachknoten. Wenn Sie diese Reihe am Kabel ein bißchen drehen, sieht Ihr Kabel gar nicht „flach" aus!

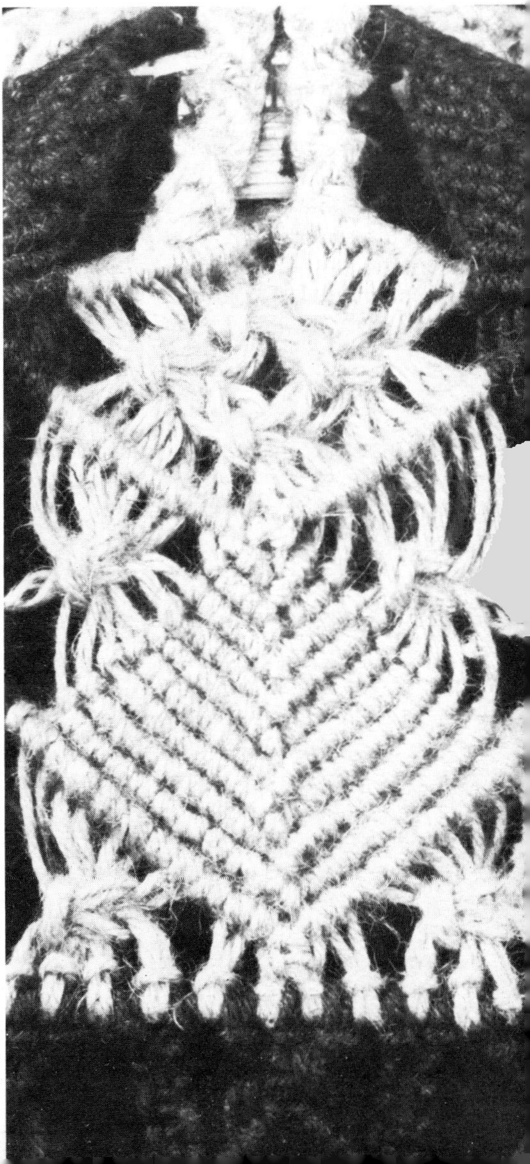

Lampe mit Jutegarn beknüpft

Material

Lampendrahtgestell (FALAG Nr. 96206);
Jutegarn, 2,8 mm ∅, etwa 300 m in heller Farbe und etwa 150 m in einer Kontrastfarbe;
Bast, 1 Strängchen, gleiche Farbe wie das helle Jutegarn;
Anschlußleitung.

Anleitung

Schneiden Sie aus dem dunklen Garn 48 Stücke von je 3 Meter Länge, aus dem hellen Garn 96 Stücke von der gleichen Länge. Umwickeln Sie alle Drahtteile mit dem verbreiterten Bastfaden.

Hängen Sie je 2 Fäden rechts und links der Drähte am unteren Rand des Lampengestells ein (und zwar am *gerade* verlaufenden Rand). Achten Sie darauf, daß die zwei inneren Fäden nicht wie alle anderen Fäden zur Hälfte gelegt, sondern so eingehängt

werden, daß die beiden innersten Fäden (siehe Skizze 8, S.49) um 5 cm länger als die Drähte sind. Beknüpfen Sie alle Drähte mit je 4 Fäden dicht mit Flachknoten.
Zwischen die Drähte hängen Sie je 12 helle Fäden ein, so daß 24 Fäden hängen. Knüpfen Sie mit den je 4 dunklen rechts und links der Drähte hängenden Fäden Spiralen, wobei links 15 halbe Flachknoten übereinander von rechts und gegengleich 15 halbe Flachknoten von links geknotet werden. Mit den 4 mittleren hellen Fäden knüpfen Sie einen Flachknoten, lassen 2 Fäden rechts und links hängen und knoten mit den äußeren 8 Fäden rechts und links einen Flachknoten. Von der Mitte aus knoten Sie mit je 12 Fäden 10 Reihen schräg zum Rand aufwärts Rippenknoten und knüpfen dabei dunkle Fäden mit ein. Ziehen Sie den Leitfaden mit einer Häkelnadel beidseitig immer in die Randschlingen der umknüpften Drähte. Knoten Sie mit dunklen Fäden eine Reihe Rippenknoten, mit 8 hellen Fäden einen Flachknoten, die zweite Seite gegengleich, wieder eine Spirale aus dunklen Fäden wie oben beschrieben und dann von der Mitte aus mit hellen Fäden eine Reihe Rippenknoten, mit den dunklen Fäden bis zum Rand schräg nach außen (oben). Hängen Sie die Leitfäden ein, knoten Sie für das Mittelstück 4 Flachknoten versetzt, vom Rand her bis zur Mitte 1 Reihe schräg Rippenknoten und mit den dunklen Fäden je 3 Reihen Rippenknoten dreimal versetzt nach innen und außen laufend; hängen Sie nach jeder Reihe die Leitfäden ein!
Von den hellen Fäden lassen Sie an jeder äußeren Rautenseite 4 nach innen hängen und verwahren Sie diese. Mit den übrigen Fäden arbeiten Sie 2 Spiralen gegengleich bis oben. Knüpfen Sie den Rand ab und verwahren Sie alle Fäden nach innen.

Bogenrand: Hängen Sie zwischen jeden oben liegenden doppelten Faden einen zur Hälfte gelegten (50 cm langen) dunklen Faden ein, so daß auf einem Zwischenstück 17 bzw. 34 Fäden hängen. Mit den mittleren 6 Fäden knoten Sie einen Flachknoten, rechts und links davon mit je 4 Fäden 4 Flachknoten, daneben mit den je 8 Fäden einen dicken Flachknoten und mit den 4 Fäden rechts und links des Drahtes über das kurze Drahtstück dichte Flachknoten. Knoten Sie von der Mitte aus nach dem Flachknoten mit je einer Hälfte der Fäden nach außen eine Reihe Rippenknoten und beziehen Sie dabei die Fäden der Flachknotensäule mit ein. Arbeiten Sie in der Rautenmitte mit allen hängenden Fäden einen Flachknoten und knüpfen Sie dann alle Fäden am Bogenrand ab, verwahren Sie diese nach innen, umhäkeln Sie den Rand evtl. noch mit festen Maschen und umknüpfen Sie das Kabel mit Flachknoten.

Lampen aus Garnen und Bändern

Material

Drahtgestell Halbkugelform mit Hut, 37 cm Durchmesser;
Baumwollgarn, 2 mm ∅, ca. 400 m;
Häkelnadel Nr. 25;
Bast, 1 Strängchen, gleiche Farbe wie das Baumwollgarn;
Anschlußleitung.

Anleitung

Umwickeln Sie alle Drahtteile mit dem verbreiterten Bastfaden. Das Drahtgestell wird dann, am Hutansatz beginnend, nach unten behäkelt, erst danach wird der Hut von unten (am engeren Ring) nach oben behäkelt.
Das Muster besteht aus Stäbchen und Reliefbüschelchen. Das Zunehmen durch Einschieben eines Stäbchens geschieht jeweils vor dem Reliefbüschelchen. Die Runden werden mit einer Kettmasche vor einem

Behäkelte Halbkugelform mit „Hut"

Reliefbüschelchen geschlossen. Das erste Stäbchen einer neuen Runde wird durch 3 Luftmaschen ersetzt.
Je eine Büschelstäbchenreihe im Krebsstich bildet am Hut und am unteren Rand den Abschluß.
Der gehäkelte Bezug wird am Hutansatz, am oberen Hutrand und am unteren Ring des Drahtgestells mit dem Häkelgarn angenäht. Dadurch kann der Bezug zum Waschen leicht abgenommen werden. Es empfiehlt sich, den unteren Ring vor dem Annähen des Bezuges mit festen Maschen zu umhäkeln.

Häkelmuster

56 Luftmaschen anschlagen, Runde mit einer Kettmasche schließen.
1. Reihe: 56 Stäbchen.
2. Reihe: 3 Stäbchen, 1 Reliefbüschelchen, dies 14mal wiederholt, somit kommt über jeden Längsstab des Gestells die Reliefbüschelreihe zu liegen.
3. Reihe: 4 Stäbchen, 1 Reliefbüschelchen – wiederholen.
4. Reihe: 5 Stäbchen, 1 Reliefbüschelchen – wiederholen.
5. Reihe: 6 Stäbchen, 1 Reliefbüschelchen – wiederholen.
6.–10. Reihe: 7 Stäbchen, 1 Reliefbüschelstäbchen – wiederholen.
11. und 12. Reihe: 8 Stäbchen, 1 Reliefbüschelchen – wiederholen.
13.–18. Reihe: 9 Stäbchen, 1 Reliefbüschelchen – wiederholen.
Abschließend eine Büschelstäbchenreihe im Krebsstich.

Hut:
1. Reihe: 3 Stäbchen, 1 Reliefbüschelchen – wiederholen.
2. Reihe: 4 Stäbchen, 1 Reliefbüschelchen – wiederholen.
3. Reihe: 4 Stäbchen, 1 Reliefbüschelchen – wiederholen.
Abschließend eine Büschelchenreihe im Krebsstich.

Reliefbüschelchen: Es wird um das Stäbchen herum gearbeitet. Man beginnt mit einem Umschlag und führt die Nadel von rechts nach links hinter dem Stäbchen der Vorreihe herum, schlägt den Faden um die Nadel, zieht die Schlinge durch bis zur Stäbchenhöhe. Dies wird dreimal wiederholt, dann wird der Faden nochmals um die Nadel geschlagen und damit alle auf der Nadel liegenden Schlingen abgemascht. Danach häkeln Sie eine Luftmasche.

Büschelchen im Krebsstich: Wird von links nach rechts gehäkelt. Man beginnt die Reihe mit 3 Luftmaschen, Umschlag, in die untere Masche einstechen, Faden holen und in Stäbchenhöhe ziehen. I: Umschlag, in die gleiche Masche einstechen, Faden holen und in Stäbchenhöhe ziehen :I (noch zweimal wiederholen). Dann alle auf der Nadel liegenden Schlingen auf einmal abmaschen, Luftmasche häkeln, in die dritte Masche nach rechts eine feste Masche, dann wieder mit 3 Luftmaschen beginnen usw.

Hängeleuchte Glockenform mit eingehäkelten Kunststoffringen

Material

Drahtgestell;
Garn, bei einem Durchmesser des Gestells von etwa 37 cm: ca. 320 m;
Hartplastikringe in zwei verschiedenen Größen, insgesamt 40 Stück;
Häkelnadel.

Anleitung

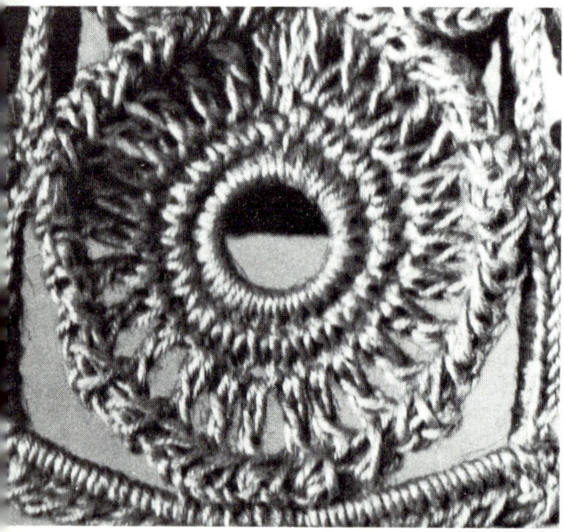

Umhäkeln Sie das Gestell und die Ringe mit festen Maschen, die Ringe in der zweiten Reihe mit Mausezähnchen (3 Luftmaschen, 1 feste Masche). Sie können noch Stäbchen und Doppelstäbchen aufsetzen. Wenn Sie alle Ringe so behäkelt haben, wie Sie auf dem Bild sehen, nähen Sie diese aneinander und an dem Gestell fest. Den oberen und den unteren Querstab können Sie noch mit einem Abschlußstich (Wickelmaschen, Reliefmaschen, Krebsstich, Sternstich, Muschelstich) oder auch mit den oben beschriebenen „Mausezähnchen" behäkeln. Wenn es Ihnen gefällt, ziehen Sie in die Lampe noch ein Stoffutter ein (Zuschnitt wie bei der Lampe auf Seite 32).

Stoffleuchte mit Häkelbordüre

Für diese Lampe müssen Sie einen Stoffschlauch (ähnlich dem auf Seite 32) nähen. Behäkeln Sie so viele Ringe wie das Gestell „Felder" hat, und zwar mit festen Maschen, Doppel- oder Kreuzstäbchen und den oben erklärten „Mausezähnchen". Nähen Sie die Ringe aneinander und am Stoff fest.
Am unteren Rand der Lampe können Sie noch um das Gestell und den Stoff eine Reihe fester Maschen häkeln.

Bei der oben abgebildeten Kugellampe wird jedes zweite Feld mit einem etwa 1,5 cm breiten Band beflochten (Kreuzgeflecht, siehe Seite 47 und 48). Die restlichen Längsfelder werden mit einem etwa 3 cm dicken Viscosegarn bewickelt: Ein entsprechend langes Stück Garn wird am oberen Ring zur Hälfte eingehängt. Dann werden beide Fäden jeweils von links nach rechts gespannt und beim Kreuzen in der Mitte des Spannfeldes zweimal miteinander verschlungen.

Die oben abgebildete Lampe mit dem mehrteiligen gedrechselten Holzaufsatz ist mit etwa 6 mm dickem naturfarbenem Zellwollgarn beflochten. Das Garn wird am oberen Ring angenäht und dann von Stab zu Stab jeweils um den Stab herum gleichmäßig bewickelt. Die Längsstäbe sind zusätzlich mit einem 1,5 cm breiten olivgrünen Juteband überklebt. Der gedrechselte Holzaufsatz ist 4teilig (FALAG Nr. 96426). Der Baldachin wird von der Anschlußleitung abgenommen und dann werden sämtliche

Holzteile einzeln durch die Litze geführt. – Diese Haubenform – Hängeleuchte – wurde mit 6 mm dickem Zellwollgarn in der Flechtart 6d – Schlingengeflecht – geflochten (s. S. 48 dieses Buches). Jede Reihe wird für sich geflochten. Garn am oberen runden Ring einhängen und dann mit 2 Spannfäden arbeiten. Am unteren Rand sind Holzartringe, 5,5 cm ∅, eingeknüpft. Der Holzaufsatz bei der Anschlußleitung ist 4teilig und kann je nach Belieben auch anders aufgesetzt werden.

Diese Halbkugel beflechten Sie mit 6mm breitem Viscosegarn. Jede Längsreihe wird für sich gespannt. Ein entsprechend langes Stück Garn legen Sie am oberen Rand des Lampengestells ein. Bespannen Sie nun mit 2 Fäden das Gestell so, daß sich die Fäden in der Mitte des freien Feldes umschlingen und jeweils wieder zu den Stäben zurückgehen usw.
Die Litze der Anschlußleitung ist mit dem gleichen Garn beknüpft.

Lampen, mit Stoff bezogen

Material

Drahtgestell (FALAG Nr. 962171);
Stoff, gemustert (für den äußeren Bezug), etwa 140x60 cm;
Stoff, nicht gemustert (für den inneren Bezug), etwa 100x32 cm;
Kaschierfolie zur Verstärkung der Abschlußumrandung, 140x6 cm;
tropffreier Klebstoff; Gummifaden;
Nähzeug; Holzperlen, 25 mm ∅;
Anschlußleitung.

Anleitung

Dieses Drahtgestell hat eine besondere Vorrichtung für einen Innenbezug.
Schneiden Sie sich zunächst folgende Stoffteile zu:
Gemusterter Stoff (Außenbezug): Länge 140 cm, Breite 40 cm (+ Nahtzugabe);
einfarbiger Stoff (Innenbezug): Länge 100 cm, Breite 28 cm (+ Nahtzugabe);
Abschlußumrandung unten: Länge 142 cm, Breite 13 cm (gemusterter Stoff);
Zierband unter dem Lampenhut: Länge 100 cm, Breite 7 cm (gemusterter Stoff).
Nähen Sie den Stoff für den Innenbezug zu einem Schlauch mit je 1 cm Saum nach oben und unten. Ziehen Sie in den oberen Saum einen Gummifaden ein, raffen Sie den Stoff so, daß er am *inneren* Ring des Gestells anliegt und durch den Gummifaden festgehalten wird. Knoten Sie diesen zusammen und heften Sie den Stoff an den Innenring.
Ziehen Sie auch in den unteren Saum einen Gummifaden ein und ziehen Sie ihn so weit an, daß der Bezug etwa 4 cm vom Ring aus nach innen übersteht.
Nun wird der Stoff für den Außenbezug (mit je 1 cm Saum oben und unten) zu einem Schlauch zusammen genäht. Gummifaden wird oben und unten eingezogen, der Bezug wird auf das Gestell gezogen und mit den Gummifäden befestigt. Am oberen äußeren Ring sollte der Schlauch etwa 5 cm vom Ring entfernt nach innen überstehen. Am unteren Bogenring genügt es, wenn der Bezug etwa 4 cm nach innen ausläuft.

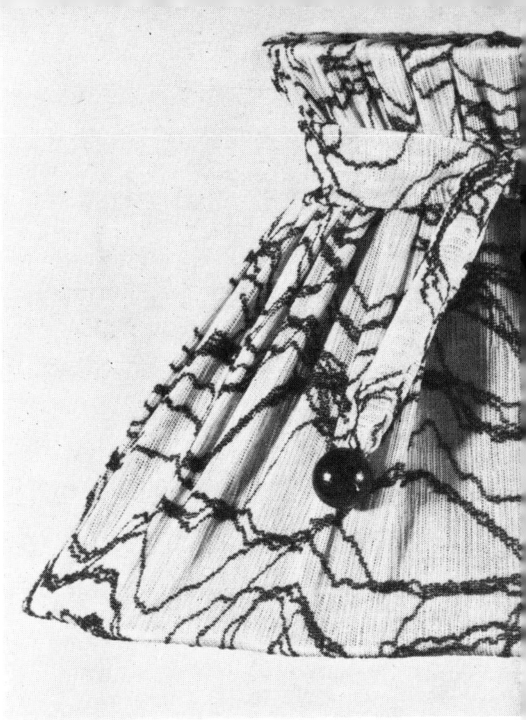

Nun binden Sie den Bezug unterhalb des Lampenhutes mit einem Gummifaden zusammen. Darüber befestigen Sie das Zierband, das zu einem 3 cm breiten Schlauch zusammengenäht wird und in das an beiden Enden die Holzperlen eingeklebt werden.
Beziehen Sie nun die Kaschierfolie (ein Spezialpapier mit einer klebenden Seite) auf beiden Seiten mit dem Stoffteil für die Abschlußumrandung und achten Sie darauf, daß die Stelle, an der der Stoff zusammenstößt, auf der Mitte der linken Seite liegt.
Befestigen Sie die Borde mit tropffreiem Klebstoff so am unteren Gestellring, daß sie 3 cm nach unten übersteht. Nähen Sie zur Sicherheit die Borde an den nach innen verlaufenden Bögen an.

Tischleuchte, 55 cm hoch, mit bedrucktem Stoff bezogen

Material

Drahtgestell (FALAG Nr. 96227);
Holzfuß (FALAG Nr. 96276);
Stoff, etwa 120x90 cm;
Gummifaden und Gummiband;
Nähzeug, Farbe wie die des Stoffs;
zur Verzierung: Borden, Rüschen, Fransen.

Achten Sie doch bei der Wahl des Stoffs auf die Farben der Vorhänge, des Teppichs, des Polstermöbels, um die einzelnen Muster und Farbtöne aufeinander abzustimmen.

Anleitung

Der Zuschnitt für den Bezug ist 112x38 cm groß, für die Naht müssen einige Zentimeter zugegeben werden. Schließen Sie die Seiten durch eine Naht. Oben und unten nähen Sie nun einen Saum von etwa 1 cm Breite. Ziehen Sie den Gummifaden ein, ziehen Sie den Bezug über das Gestell und ziehen Sie die Gummifäden der Drahtform entsprechend zusammen und verknoten Sie diese. Am unteren Ring sollte der Bezug etwa 3 cm nach innen laufen.
Für die *Rüsche* benötigen Sie einen Zuschnitt von etwa 230x20 cm. Die Breitseite des Stoffs wird nun auf die Hälfte (10 cm) so zusammengenäht, daß in der Mitte (bei 5 cm) ein etwa 1 cm breiter Saum entsteht, durch den ein Gummiband gezogen werden kann. Sie können auch einfach 2 Fäden einnähen und sie dann zusammenziehen, so daß die Rüsche entsteht. Diese wird dann am unteren Ring des Gestells angenäht.

Stoffbezüge haben den Vorteil, daß sie vom Gestell abgenommen und gewaschen werden können. Wenn Ihnen der Bezug nicht mehr gefällt, nähen Sie einen anderen und verwenden das Gestell wieder. Auf diese Weise können Sie Ihre Lampen auch immer wieder neuen Tapeten, Vorhängen und Möbeln anpassen, ohne viel Geld ausgeben zu müssen!

Lampen, mit Stoff bezogen

Material

Zusammensteckbares Kugelgestell (FALAG Nr. 96375) aus Hartplastik oder kugelförmiges Drahtgestell (FALAG Nr. 96204), 40 cm ∅;
Leinenstoff („Schülertuch“, feinfädig), 130 x 50 cm;
aufbügelbare Blumenbordüre (FALAG Nr. 96485);
Anschlußleitung.

Anleitung

Das Kugelgestell wird so zusammengesteckt, daß die Stäbe in den Halteringen einrasten.
Schneiden Sie nun ein Stück Stoff von der Größe 128 x 48 cm zu. Nähen Sie an den beiden Längsseiten einen etwa 1 cm breiten Saum. Schneiden Sie die Blumenbordüre auseinander, so daß Sie 10 Motive bekommen. Ziehen Sie das Schutzpapier ab und legen Sie die Motive in die Mitte des Stoffs mit der Bildseite auf den Stoff (braunes Schutzpapier nach oben). Dann wird jedes Motiv mit einem Bügeleisen (Einstellung: Baumwolle/Leinen) etwa 30–40 Sekunden lang durch Pressen (nicht Reiben) aufgebügelt. Zum Schutz des Stoffs kann ein Seidenpapier darüber gelegt werden. Achten Sie darauf, daß die Motive sich beim Aufbügeln nicht verschieben!
Nach einigen Minuten Abkühlzeit können Sie das braune Schutzpapier vorsichtig abziehen. Sollten die Blumen noch am Schutzpapier hängen, muß das Aufpressen wiederholt werden. Bitte bügeln Sie auf keinen Fall ohne Schutzpapier auf den Blumen!
Nähen Sie danach den Schlauch zusammen. Ziehen Sie durch den Saum oben und unten, den Sie am Anfang genäht haben, je einen Gummifaden von 40 cm Länge. Ziehen Sie den Gummifaden zusammen und verknoten Sie ihn so, daß der Stoff eng an den Rändern des Gestells liegt. Zum Schluß drehen Sie die Fassung der Anschlußleitung ein.

Wenn Sie ein anderes Drahtgestell nehmen:

Messen Sie den Durchmesser an der weitesten Stelle des Gestells, nehmen Sie diese Zahl mit 3,14 mal und messen Sie noch die Länge eines Seitenstabes des Gestells aus. Diese beiden Zahlen ergeben

die Maße für die Länge und Breite des Stoffbezugs. Beim Zuschneiden des Stoffs müssen Sie allerdings noch an die Nahtzugabe seitlich und oben und unten (je etwa 2 cm) denken.
Schließen Sie den Stoff seitlich und nähen Sie oben und unten einen Saum ein. Durch diesen Saum wird der Gummifaden gezogen. Ziehen Sie nun den Bezug über das Gestell und ziehen Sie oben und unten die Gummifäden so zusammen, daß der Bezug gut am Gestell sitzt. Wenn Sie um einen Gestellhut herum eine Borde kleben oder nähen wollen, dürfen die Gummifäden nicht zu straff gezogen werden.

Bemalter Stoffbezug

Hängeleuchte
mit bemaltem Stoffbezug

Material

Drahtgestell Halbkugelform, 37 cm ∅, 28 cm hoch;
Stoff zum Bemalen („Schülertuch", sektfarbig), 130 x 60 cm;
Stoffmalfarben;
Blumenvorlagen zum Abpausen (im Bastelhandel erhältlich);
Anschlußleitung.

Anleitung

Sie haben mehrere Möglichkeiten, das Muster für die Bemalung auf den Stoff zu bringen: Sie können ein Muster aufbügeln (es gibt fertige aufbügelbare Bauernmalereimotive zu kaufen), durchpausen oder selbst entwerfen und mit einem Stift auf dem Stoff vorzeichnen.
Beachten Sie bitte unbedingt die Anweisungen der Farbhersteller auf den Packungen!
Lassen Sie beim Malen vor dem Auftragen der nächsten Farben jede Farbe erst antrocknen. So verhindern Sie, daß die Farben sich mischen.

Nach dem Bemalen muß der Stoff einige Tage auf einer Leine trocknen und wird danach auf der unbemalten Seite so heiß wie der Stoff es verträgt gebügelt (Seidenpapier zwischen Stoff und Bügeleisen legen!).
Viele Stoffmal- und Druckfarben sind bis 60° waschbeständig und entsprechend bügelfähig.

Der Bezug besteht aus einem Stoffschlauch wie bei den bereits gezeigten Lampen.

Weitere Möglichkeiten, hübsche Muster auf Stoffe zu bannen:

1) Schablonendrucken
Legen Sie Schablonen auf den Stoff und tragen Sie mit einem Pinsel die Stoffmalfarbe um die Schablonen herum auf oder sieben Sie die Farbe mit einer Bürste auf den Stoff.

2) Linolstempel mit Stempelfarbe
Fertigen Sie einen Linolstempel an und drucken Sie ihn mit spezieller Stoff-Druckfarbe als Bordüre auf den Stoff.

Stoffbezug mit Schablonendruck

Gehäkelte Borde auf einem Jutestoff-Bezug

Material

Drahtgestell;
Jutestoff;
Jutegarn;
Häkelgabel; Häkelnadel;
Anschlußleitung.

Anleitung

Schneidern Sie sich den Stoffbezug so, daß er gut auf Ihr Gestell paßt. (Ein Blick auf Seite 32 zeigt Ihnen, wie Sie es machen.)

Schlagen Sie mit der Häkelnadel und dem Jutegarn eine Luftmasche an. Ziehen Sie die Häkelnadel aus der Schlinge und schieben Sie einen Stab der Gabel so in die Luftmaschenschlinge, daß sie auf dem rechten Stab der Gabel liegt. Halten Sie den Stab in der linken Hand zwischen Mittelfinger und Daumen.

Der Schlingenknoten liegt nun in der Mitte der Gabel. Legen Sie den Faden von vorn nach hinten um den linken Stab der Gabel und drehen Sie die Gabel. Führen Sie jetzt die Nadel von unten nach oben durch die Schlinge des linken Stabes, holen Sie den Faden, stechen Sie in die rechte Schlinge ein, holen Sie den Faden und häkeln Sie eine feste Masche (Abbildung 1).

Heben Sie nun die Häkelnadel über den rechten Stab der Gabel und legen Sie diese nach hinten. Drehen Sie die Gabel von rechts nach links. Dadurch legt sich der Faden um den linken Stab der Gabel. Stechen Sie in die linksliegende Schlinge ein, holen Sie den Faden durch die Schlinge und häkeln Sie beide Schlingen auf der Nadel mit einer festen Masche ab. Legen Sie die Nadel wieder nach hinten, drehen Sie die Gabel, holen Sie aus der linken Schlinge den Faden, häkeln Sie eine feste Masche und setzen Sie diese Tätigkeit fort, bis die Gabel aufgefüllt ist (Abbildung 2, 3).

Dann ziehen Sie die Schlingen aus der Gabel heraus und schieben nur die letzten 6 Schlingen wieder auf die Gabel und setzen die Arbeit fort.

Nun können Sie Ihre Phantasie weiterarbeiten lassen: Sie können die Schlingen rechts und links 3-stückweise verdreht mit einer festen Masche zusammenfügen, dann 3–4 Luftmaschen häkeln und wieder Maschen zusammenhäkeln. Auf diesen Abschluß können Sie noch Mausezähnchenmaschen (3 Luftmaschen, 1 feste Masche) häkeln.

Sie können auch je 2 Schlingen verdreht zusammen häkeln und 3 Luftmaschen bis zu den nächsten Schlingen häkeln.

Abb. 1

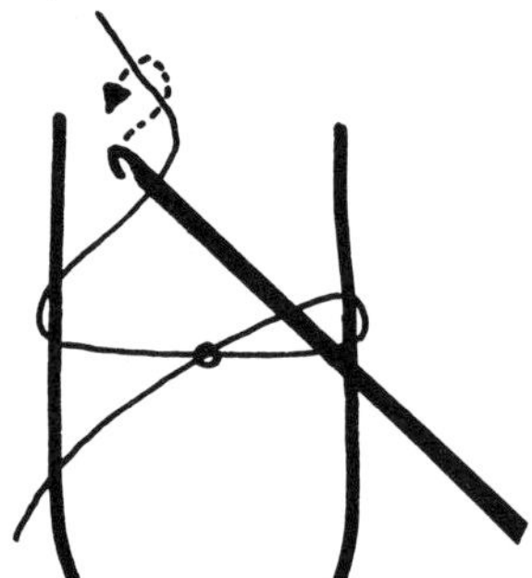

Faden holen, feste Masche häkeln.

Abb. 2

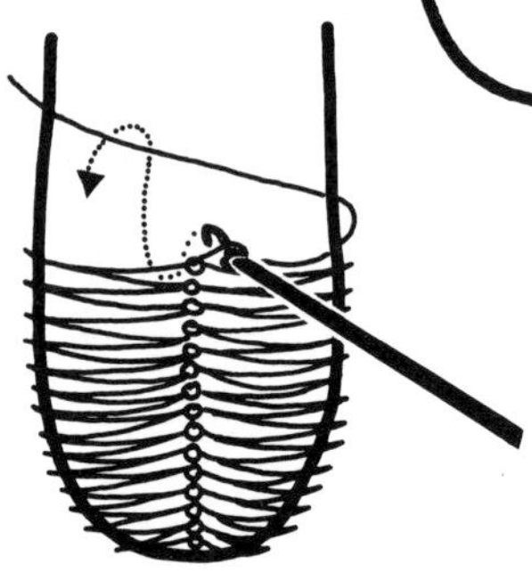

aus der linken Schlinge den Faden holen.

Abb. 3

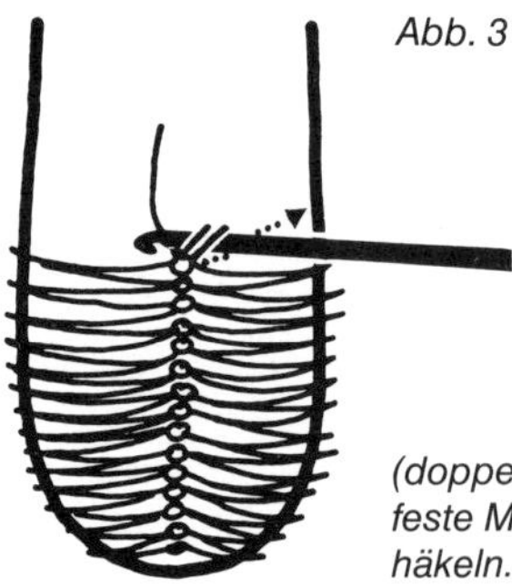

(doppelte) feste Masche häkeln.

Lampen aus Stoff, mit Borden geschmückt

Material

Drahtgestell, halbkugelförmig, mit Hut, unten 30 cm ∅, 20 cm hoch, Stoffzuschnitt 100 x 40 cm; Fußgestell (Holzfuß, 25 cm hoch; FALAG Nr. 96275); Perlenborde (oder Perlen ∅ 10 mm und längliche Stiftperlen ∅ 4 mm aufgefädelt), 100 cm; Nähzeug, Farbe wie die des Stoffes; Gummifaden.

Kleine Tischstehlampe mit Perlonborde

Anleitung

Dieses Lampengestell eignet sich besonders gut zum Beziehen mit Stoff. Sie benötigen einen Zuschnitt von der Größe 97 x 33 cm plus Nahtzugabe. Die Seitennaht wird geschlossen, dann oben und unten jeweils ein Saum von 2 cm Höhe genäht.
Nun beziehen Sie das Drahtgestell mit dem Stoffschlauch. Durch die Säume oben und unten ziehen Sie die Gummifäden und knoten diese nach entsprechendem Zusammenziehen ab.
Der Hut wird abgeschnürt, indem über den Stoff an der Hutansatzstelle ein Gummifaden straff gezogen wird. Sowohl dieser Gummifaden als auch der untere Rand werden danach mit der Borde durch Aufnähen oder Aufkleben abgedeckt.
Die Glühbirne darf höchstens 60 W haben!

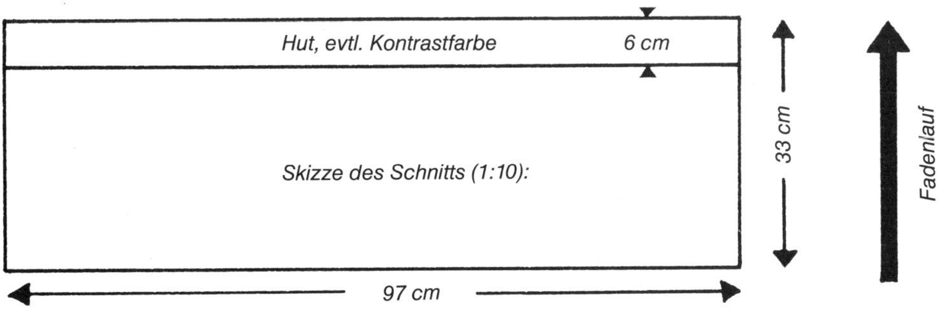

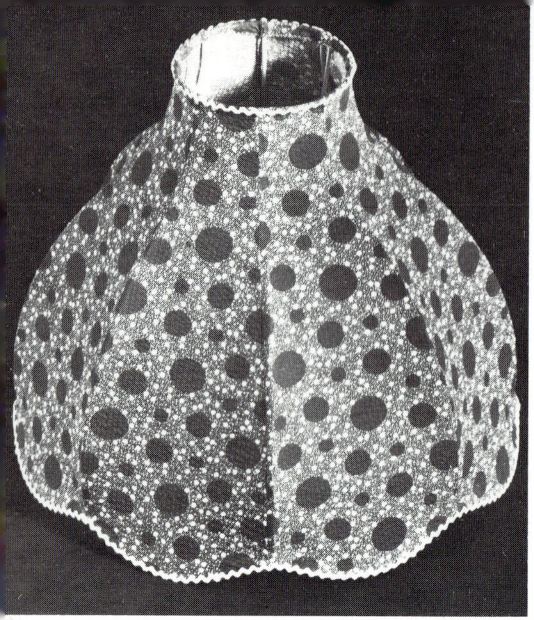

Lampen mit anliegendem Stoffbezug

Material

Lampenschirmdrahtgestell;
Stoff, Größe abhängig von der Größe des Gestells;
Borde;
Alleskleber;
Nähzeug;
Anschlußleitung;
(Stoff für die Anfertigung des Schnittmusters).

Anleitung

Fertigen Sie zuerst einen Schnitt nach dem unten gezeigten Muster an. Sie können den Schnitt entweder für ein Feld (von zwei Längsdrähten umgeben) oder auch für zwei Felder zusammen entwerfen.
Für einen Anfänger ist es leichter, für jedes Feld einen Schnitt herzustellen und ihn dann entsprechend der Felderanzahl des Gestells aus dem Stoff zu schneiden.
Beim Zuschneiden müssen Sie darauf achten, daß Sie auf allen Seiten genug Stoff für den Saum zugeben; oben und unten sollten es mindestens 1–2 cm sein!
Nach dem Zuschneiden werden die Teile mit der Nähmaschine aneinander genäht und dem Gestell von links angepaßt. (Achtung: bei Gestellen, die oben *und* unten schmal sind, müssen Sie eine Naht dreiviertel offen lassen, damit Sie den Bezug noch über das Gestell streifen können!) Nun können Sie noch Änderungen vornehmen, um zu erreichen, daß der Bezug straff sitzt und die Nähte über den Drähten liegen.
Versäubern Sie nun die Nähte, den oberen und den unteren Rand versehen Sie mit einer Zickzacknaht, daß der Stoff nicht ausfranst. Streifen Sie den Bezug dann über das Gestell, schlagen Sie den oben und unten überstehenden Stoff nach innen ein und nähen Sie ihn mit kleinen Stichen am Draht fest.

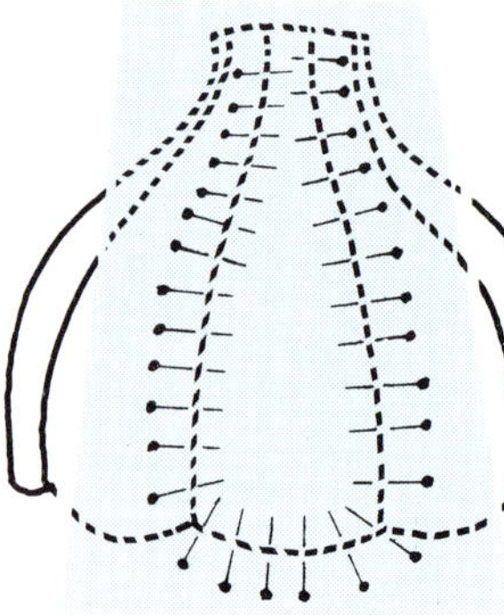

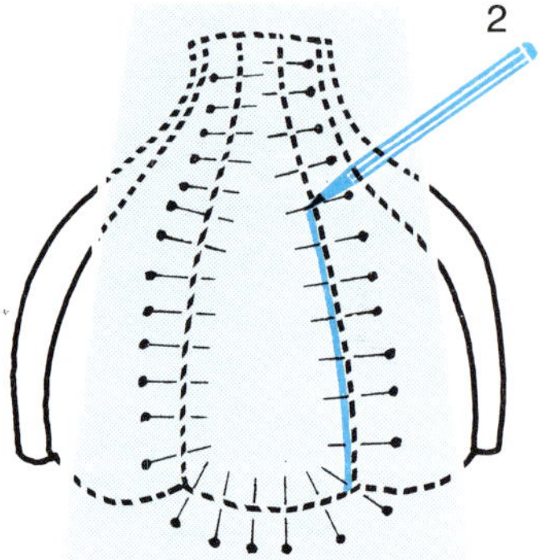

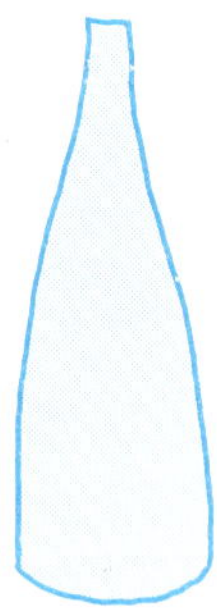

Zur Verzierung können Sie noch oben und/ oder unten eine (bei bedrucktem Stoff einfarbige) Borde ankleben oder aufnähen.
Halten Sie auf ein Feld des Lampenschirmdrahtgestells ein Stück Stoff quer zur Fadenrichtung und befestigen Sie den Stoff an den Drähten um ein Feld herum mit Stecknadeln (straff). Fahren Sie mit einem Stift die Konturen der Drähte nach. Damit haben Sie den Schnitt für ein Feld (Abb.1–3; S.32).
Das Muster für ein Feld wird nun *(mit Nahtzugabe)* auf den Lampenbespannstoff quer gelegt und so oft ausgeschnitten, wie das Gestell Felder hat.
Natürlich kann auch für jeweils zwei Felder ein Schnitt angefertigt werden. Dieser Weg halbiert Ihre Arbeit beim Zuschneiden und Zusammennähen der Stoffteile.

Hängelampe, mit Stoff bezogen und Bordüre verziert

Material

Drahtgestell (FALAG Nr. 96209);
Stoffzuschnitt 140 x 90 cm;
Bordüre (Länge für die Verzierung oben und unten etwa 200 cm);
Nähzeug in der Farbe des Stoffes;
Anschlußleitung (mit Schraubfassung und Litze).

Anleitung

Dieses Lampengestell eignet sich zum Beziehen mit elastischem Stoff (Jerseystoff). Stoffverbrauch bei 90 cm breiter Ware: 140 cm; bei 140 cm breiter Ware: 100 cm. Der Zuschnitt muß quer zum Fadenlauf geschnitten werden.

Für diese Lampe können Sie den Stoff für jedes Feld einzeln oder auch für zwei Felder zuschneiden. Im ersten Fall benötigen Sie 10, im zweiten 5 Zuschnitte. Vergessen Sie beim Zuschneiden die Nahtzugabe nicht! 9 (4) Nähte können Sie an der Nähmaschine schließen, die 10. (5.) Naht nur zur Hälfte; dann ziehen Sie den Stoff von links über das Gestell und kontrollieren, ob alle Nähte stimmen. Nehmen Sie den Bezug nun wieder ab, korrigieren Sie gegebenenfalls die Nähte und ziehen Sie danach den Stoff wieder, diesmal von „rechts", über das Gestell und schließen Sie die 5. Naht mit der Hand. Die Nähte sollen möglichst über den Stäben liegen. Achten Sie darauf, daß der Bezug straff am Gestell sitzt! Legen Sie nun den Stoff oben und unten nach innen und verkleben oder vernähen Sie ihn. Aus Versäuberung wird innen sowohl oben als auch unten eine Borde oder ein Nahtband gegengeklebt oder -genäht. Auch die Nähte können Sie mit schmalen Borden überdecken.
Als äußeren Abschluß bringen Sie oben und unten eine schwere Fransen- oder Quastenbordüre an.
Die Glühbirne für diese Lampe sollte nicht mehr als 60 Watt haben!

*Bild links:
Kleine Tischstehleuchte; Oberteil Halbkugelform mit Hütchen auf gedrechseltem Holzfuß. Für das Oberteil benötigt man einen unifarbigen, groben Zellwollstoff. Unterer ∅ des Drahtgestells x 3,14 + 3 cm Nahtzugabe. Schlauch nähen, unter dem Hütchen entsprechend einziehen und mit Borten oben und unten verzieren.*

Lampen aus Papier

Material

Ringegarnitur (FALAG Nr. 96371, 25 cm ∅, Kunststoff); Kaschierfolie (das ist ein starkes PVC-Spezialpapier mit einer klebstoffbeschichteten Seite und einem abziehbaren Schutzpapier darüber), Zuschnitt 80 x 24 cm; Japanpapier, 80 x 25 cm; getrocknete Blumen und Gräser (gibt es in Packungen zu kaufen); PVC-Kleber; Anschlußleitung.

Anleitung

Die Kaschierfolie wird so zu einem Schlauch zusammengeklebt, daß die Plastikringe am Rand oben und unten in den Schlauch passen. Am Längsrand sollen etwa 2 cm Folie zum Überkleben stehen bleiben; der Rest wird weggeschnitten.

Der Plastikring mit der Halterung sitzt am oberen Rand, die Halterung „schaut" nach innen. Lösen Sie nun 2 cm des Schutzpapiers, das auf der Kaschierfolie klebt, ab, so daß Sie den Zylinder der Länge nach mit dem PVC-Kleber zusammenkleben können.

Das übrige Schutzpapier des Zylinders darf erst unmittelbar vor dem Biegen mit den Blumen, Gräsern und Blättern abgezogen werden. Überlegen Sie auf einem anderen ebenso großen Stück Papier, wie Sie die Teile zusammenlegen wollen. Nach dieser Vorlage gestalten Sie nun Ihre Lampe: ziehen Sie das Schutzpapier ab, drücken Sie die Gräser usw. leicht an und legen Sie danach das Japanpapier über den Zylinder. Drücken Sie auch dieses leicht an und kleben Sie es am seitlichen Rand fest. Überstehende Ränder werden sauber abgeschnitten.

Zum Schluß drehen Sie die Fassung der Anschlußleitung und eine nicht zu starke Birne (etwa 40–60 Watt) ein.

Hängelampe, mit „Keletronblättern" und Japanpapier auf einer Kaschierfolie

Material

Ringegarnitur wie bei der Hängelampe mit den Einlegearbeiten; Kaschierfolie, Zuschnitt 80 x 24 cm; Japanpapier, Zuschnitt 80 x 25 cm; etwa 20 Stück „Keletronblätter" (im Fachhandel erhältlich); PVC-Kleber; Anschlußleitung.

Wenn Sie schon wissen, wie die Lampe links gearbeitet wird, dann brauchen Sie für diese Leuchte keine Anleitung mehr!

Tischleuchten,
mit Lampenschirmpapier oder
kaschiertem Stoff bezogen

Material

Drahtgestell, konische Form;
Lampenschirmpapier oder Stoff und Kaschierpapier;
evtl. Zierborde;
PVC-Kleber;
Fußgestell, komplett mit Anschlußleitung.

Hinweis:

Den Zuschnitt für das Lampenschirmpapier (bzw. den Stoff und das Kaschierpapier bei der unten gezeigten Tischlampe) fertigen Sie so an:
Messen Sie die Durchmesser des Lampengestells am oberen und am unteren Rand, nehmen Sie diese Zahlen jeweils mit 3,14 mal und stellen Sie noch die Länge eines Seitenstabes fest. Mit diesen Maßen können Sie auf einem Stück Papier zur Probe den Schnitt für das Lampenschirmpapier oder den Stoff nach dem unten gezeigten Muster arbeiten. Ein Ersatz für einen großen Zirkel könnte ein an einem Faden befestigter Bleistift sein; das Fadenende stecken Sie mit einer Nadel am Mittelpunkt (siehe Zeichnung) fest.
Denken Sie daran, den Stoff mit einem „Klebesaum" zuzuschneiden! Der nach innen umgeschlagene Stoffrand kann mit einer Borde überklebt werden.
Die Anleitung für die Lampe mit den Einlegearbeiten zeigt Ihnen das Kaschieren des Stoffes.
Mit dem auf Seite 38 gezeichneten Muster können Sie weitere verschieden große Schnitte für Lampen anfertigen. Sie benötigen nicht unbedingt ein ganzes Drahtgestell; zwei Drahtringe, von denen einer eine Vorrichtung zum Aufhängen der Lampe hat (siehe Schlußteil dieses Bu-

ches), genügen, um einer Lampe, die mit steifem Lampenschirmpapier gearbeitet ist, den notwendigen Halt zu geben.
Gerade mit Lampenschirmpapier haben Sie viele Möglichkeiten, sich die Lampe genau nach Ihren Wünschen zu gestalten:

– Sie können die Ränder des Papiers mit hübschen Bordüren bekleben;
– Sie können das Lampenschirmpapier mit besonderer Tusche oder geeigneten Farben (fragen Sie im Fachgeschäft) bemalen; Motive wie Blumensträuße, Tiere oder Segelschiffe passen meist gut auf Lampen;
– Schließlich seien Sie auch darauf aufmerksam gemacht, daß es viele verschieden strukturierte Lampenschirmpapiersorten in mehreren Farben (weiß, cremefarben, eierschalenfarben, hell/braun meliert usw.) gibt und ohne weitere Bearbeitung sicher auch Ihnen gefallen wird. Nutzen Sie die große Auswahlmöglichkeit!

Die hier verwendete plissierte Lampenschirmfolie erhalten Sie in einem guten Bastel-Fachgeschäft.

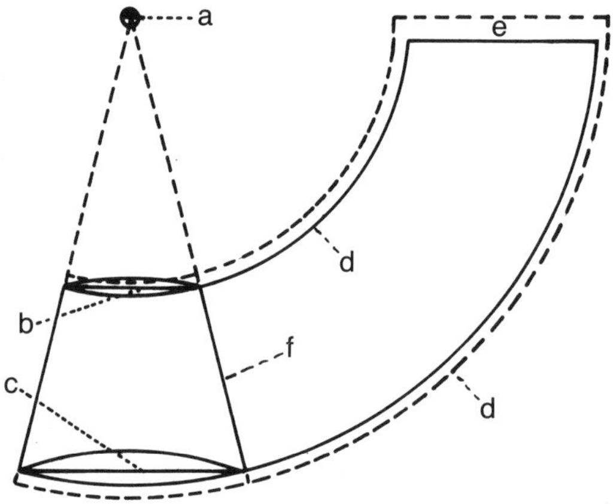

a) Einstichstelle für den Zirkel oder die Nadel, die den Faden mit Bleistift festhält.
b) Oberer Durchmesser
c) Unterer Durchmesser
d) Länge dieser Strecke: ∅ x 3,14
e) Saum zum Überkleben
f) Länge eines Seitenstabes

Bei dieser Lampe wurden in das Kaschierpapier der Gestellform entsprechend große Bögen geschnitten. Erst danach wurde der Stoff auf das Papier geklebt und die Ränder sauber geschnitten.
Eine Zierborde, auf die Schnittkanten geklebt, verhindert, daß der Stoff ausfranst.
Wenn Sie sich in Scherenschnitten auskennen oder sich darin einüben, haben Sie eine weitere Möglichkeit, das Lampenschirmpapier zu zieren und sich eine ausgefallene, besondere Lampe zu arbeiten!

Lampe aus geflochtenen Furnierstreifen

Material

Drahtgestell oder zwei Drahtringe, von denen einer eine Vorrichtung zum Aufhängen der Lampe hat;
Furnierstreifen, z. B. helles Ahorn;
„starker“ Holzkleber;
Anschlußleitung;
(Büroklammern zum Befestigen der klebenden Teile).

Anleitung

Schneiden Sie sich etliche Streifen (entsprechend der Höhe und des Umfangs des Drahtgestells, die Längsstreifen ca. 2 cm länger als die Höhe, die Querstreifen etwa 1–1,5 cm länger als der Umfang) zu. Wenn Sie mit den Drahtringen arbeiten, orientieren Sie sich am Umfang der Ringe und entscheiden über die Höhe Ihrer Lampe selbst.
1) *Arbeiten mit dem Drahtgestell*
Flechten Sie 4 Querstreifen ein. Erfassen Sie die Drahtstäbe des Gestells versetzt mit, damit das Furniergeflecht einen Halt bekommt.
Nun schieben und kleben Sie die Längsstreifen auf die Längsstäbe des Gestells, wobei Sie darauf achten müssen, daß die vier ersten Reihen unter- und überflochten werden (siehe Abbildung).
Jetzt können Sie die weiteren Querstreifen einflechten. Die Längsstreifen sollten dabei gerade auf den Längsstäben liegen. Achten Sie auf gleichmäßige Zwischenräume!
Mit dem Holzkleber befestigen Sie die überstehenden Enden der Querstreifen; eine Büroklammer hält die übereinander liegenden klebenden Enden zusammen, bis der Kleber trocken ist (etwa zwei Stunden).
2) *Arbeiten mit den zwei Drahtringen*
Flechten Sie mit den Längs- und den Querstreifen ein Rechteck, das so lang ist, daß es um die Ringe gelegt und die Enden übereinander geklebt werden können. Auch hier werden Büroklammern gute Dienste leisten! Schneiden Sie nun die überstehenden Längsstreifen auf gleiche Länge und drehen Sie die Fassung der Anschlußleitung ein. Bitte denken Sie daran, daß Lampen mit einem Holzgeflecht nur „schwache“ Glühbirnen vertragen!

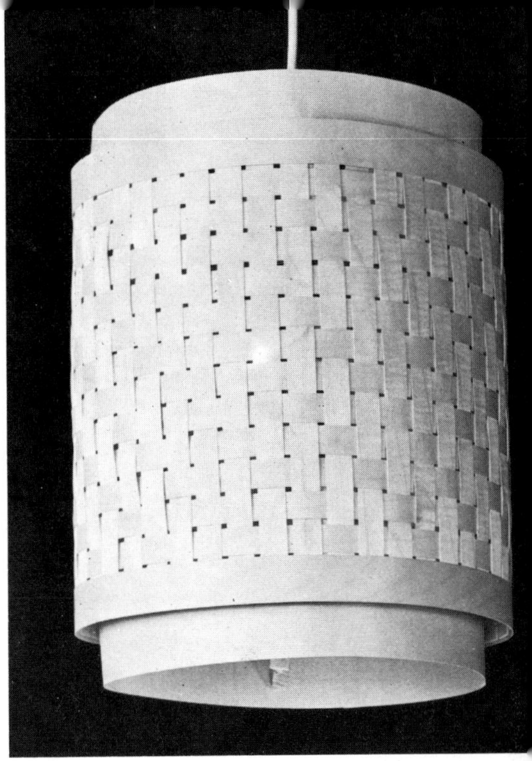

Hängelampe, beflochten mit einem Holzimitatband („Spanilon“)

Diese Lampe wird ebenso gearbeitet wie die erste vorgestellte in diesem Buch. Auch hier wird jede Reihe einzeln beflochten (Kreuzgeflecht). (Abb. Seite 40 oben.)
Sie benötigen außer einem Drahtgestell und dem Flechtband Holzklebestoff, Lampenschirmpapier, doppelseitig haftendes Klebeband für die Herstellung und Befestigung des Lampenschirmpapierschlauchs und eine Anschlußleitung.

Lampen, mit Rohr beflochten

Material

Drahtgestell, Halbkugelform, ∅ 37 cm; Stoff (für die Lampe innen: 114 x 30 cm; für die Rüsche: 225 x 6 cm); Peddigrohr in zwei verschiedenen Arten; Nähzeug, Farbe entsprechend der Farbe des Stoffes; Anschlußleitung.

Anleitung

Schneiden Sie so viele breite Peddigrohrstücke zu wie das Gestell Seitenstäbe hat und zwar etwas länger als die Seitenstäbe. Wie bei allen Peddigrohrarbeiten wird das Rohmaterial gewässert. Beginnen Sie mit dem Umwickeln des unteren Gestellrings und wickeln Sie dabei die breiten Peddigrohrstücke über den Seitenstäben und in jedes Gestellfeld (zwischen 2 Längsstäben) 2 dünne Peddigrohrabschnitte ein, die etwa doppelt so lang sind wie ein Seitenstab.

Flechten Sie etwa vier Reihen um das Gestell herum. Beim Beflechten des Gestells mit dem breiten Peddigrohr drehen Sie die längs eingeflochtenen dünnen Peddigrohrabschnitte so wie Sie in der Abbildung sehen. Nach 5 Reihen flechten Sie mit dünnem Peddigrohr weiter. Arbeiten Sie so weiter, wie Sie auf dem Bild sehen. Den oberen Gestellrand umwickeln Sie wie den unteren und zwar kurz bevor Sie die letzten beiden Rundreihen flechten.

Nähen Sie einen Bezug wie Sie auf Seite 32 nachsehen können und versehen Sie ihn mit einer Rüsche.

Dieser Bezug wird von innen am Gestell befestigt, indem Sie ihn an den Seitenstäben an je fünf Stellen mit einigen Stichen annähen. Am oberen und unteren Rand des Gestells muß der Bezug besonders gut befestigt werden.

Wenn Sie den Bezug an die Drahtstäbe kleben, nützen Sie den Vorteil eines Stoffbezuges nicht, den man immer wieder auswechseln kann, wenn er nicht mehr sauber ist oder nicht mehr zur Umgebung Ihrer Lampe paßt.

Bild unten: Anschlußleitungen für große und kleine Stehlampen.

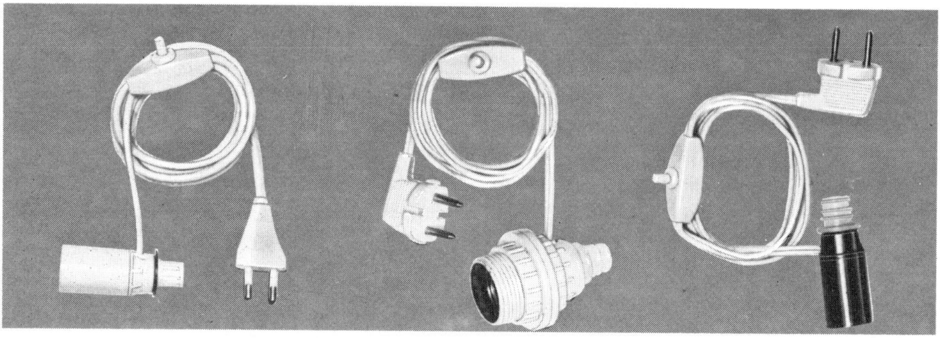

Weitere Ideen zum Basteln von Lampen
Das „oben" und „unten" der Lampendrahtgestelle
(Anschlußleitungen und Fußgestelle)

Anschlußleitungen:

Für viele Lampen können die Standardanschlußleitungen, die Sie im Fachgeschäft bekommen, verwendet werden. Hier sehen Sie in den beiden Bildern oben Anschlußleitungen für kleine Birnen und für normal große Glühlampen.

Bei den mit Garnen gearbeiteten Lampen sieht es meistens sehr hübsch aus, wenn (besonders bei Hängelampen) die Litze und der Baldachin mit einer passenden Hülle umgeben sind. Diese kann aus Garn gehäkelt, mit einer sogenannten „Strickliesel" gestrickt oder auch in der Makramee-Knottechnik gearbeitet werden.
Das i-Tüpfelchen auf einer kugel- oder halbkugelförmigen Lampe ist ein hübscher Aufsatz! Denken Sie beim Kauf eines Aufsatzes an den Stil Ihrer Lampe. Es gibt hell/weiß lackierte und roh-holzfarbene

Aufsätze. Diese letzten können Sie zu Ihren Möbeln passend beizen und matt lackieren. Auf die Litze wird diese Klemmschraube gezogen und zwischen Lampengestell und Aufsatz befestigt, damit der Aufsatz nicht in das Lampengestell hineinrutschen kann.

Fußgestelle:

Auch das Fußgestell soll zum Stil der Lampe und dem künftigen Ort Ihrer Lampe passen! Hier sehen Sie einige Beispiele für das Angebot an fertigen „Füßen", die Sie im Fachgeschäft bekommen können.

Tips für gebastelte „Füße":

Nehmen Sie eine hübsche, etwas voluminöse Flasche, Vase, Amphore oder auch einen Krug mit einem nicht zu weiten Hals und stellen Sie die Verbindung zwischen Unter- und Oberteil selbst her:

1) mit einem Korken

Ein nasser Naturkorken in passender Weite wird in der Mitte so durchbohrt, daß die Schraube der Anschlußleitung eben noch durchpaßt. Dann wird der Korken in der Höhe so weit abgeschnitten, daß die Flügelmutter mit der Beilagscheibe aufgeschraubt werden kann. Stecken Sie nun den Korken in den Flaschenhals.
Außer Chiantiflaschen eignen sich auch Frankenwein-Bocksbeutel, Spirituosenflaschen, Weinballone, Zinnvasen, Radnaben, Spinnräder, schmiedeeiserne Unterteile.
Statt Korken können Sie auch Plastikstöpsel nehmen.

2) mit einem Einsatz

Diesen Einsatz gibt es komplett mit der Anschlußleitung zu kaufen. Er wird einfach in einen Flaschenhals gesteckt.

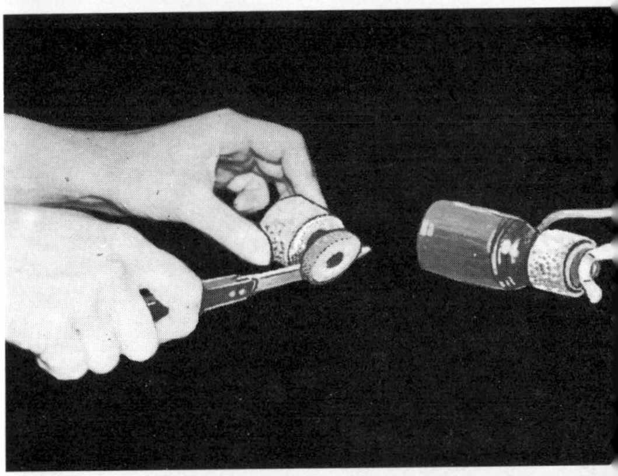

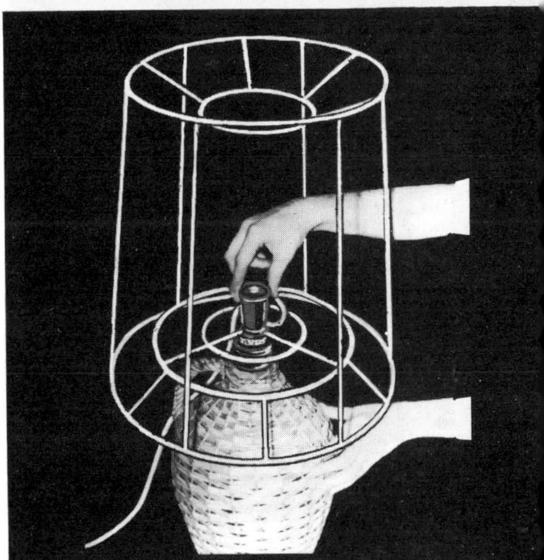

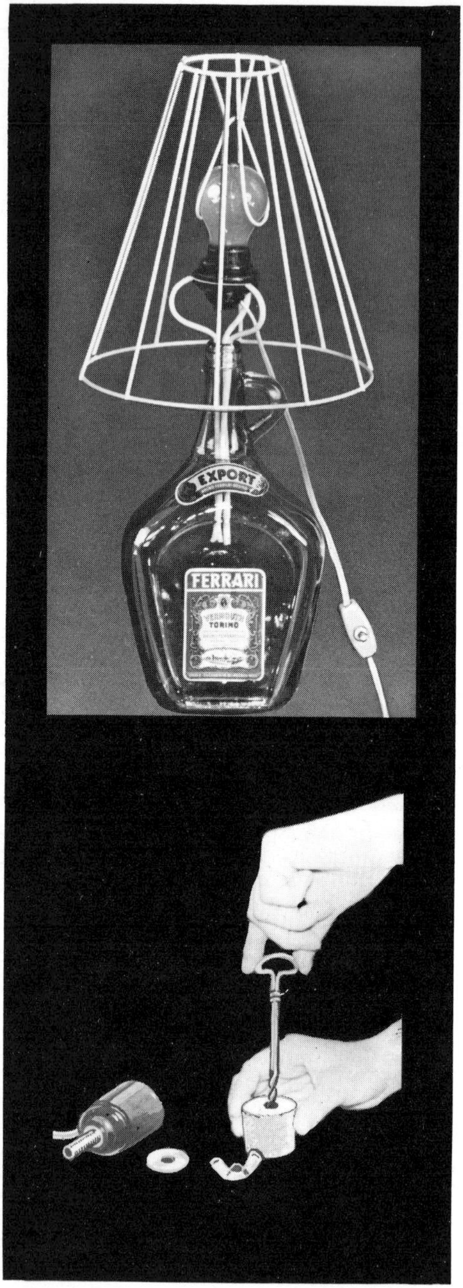

Bei der „Ferrari-Lampe“ steckt das Lampengestell mit einer Birnenklemme, die bereits am Lampengestell war, auf der Birne.

Weitere Tips zum Lampenbasteln
können Sie in folgenden Büchern finden:

Bauta, Anne
Werken mit Peddig. Stuttgart, 4. Aufl. 1975

Bauzen, Susanne und Peter
Gepreßte Blumen. Stuttgart 1968

Fausel, Dieti G.
Makramee Kreationen. Stuttgart, 2. Aufl. 1977

Fausel, Dieti G.
Makramee plastisch. Stuttgart 1978

Galst, Annie
Wir flechten mit Peddigrohr. Hamburg, o. J.

Hammer, Elisabeth
Finnspan und Ramieband. Freiburg i. B., 3. Aufl. 1973

Kühnemann, Ursula
Stoffdruck Stoffmalerei gar nicht schwer. Stuttgart, 4. Aufl. 1975

Kümmel, Herbert
Flechten mit Holz. Stuttgart 1968

Lenz, Freya E.
Makramee. Stuttgart, 3. Aufl. 1975

Lenz, Freya E.
Makramee Variationen. Stuttgart 1979, 1. Aufl.

Schönthaler, Ingrid/Wille, Marianne
Figurendraht einmal anders. Stuttgart o. J.

Schüssler, Brigitte
Lampen aus Papier. Freiburg i. B. 1964

Staudacher, W. u. A.
Scherenschnitte. Heidelberg 1965

Grauwiller, Hannes
Holzspäne – dekorativ. 4. Aufl. 1977

Die rechts abgebildete Hängeleuchte ist aus Bambusfächern gearbeitet. Man nimmt einen etwa 30 cm großen Ring. 7–8 Fächer werden fächerartig an den Ring genäht und oben mit einem kleinen Ring geschlossen. Anschlußleitung einziehen und mit Holzkugel abschließen.

Arbeitsanleitungen für das Bespannen und Flechten

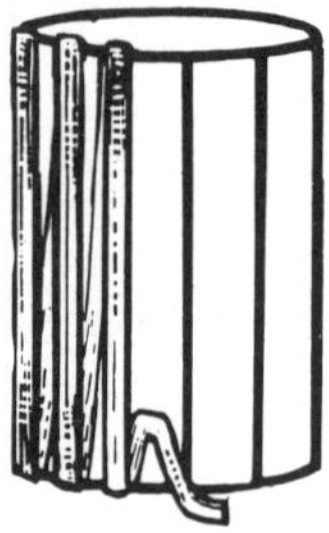

Spannart 1

Diese Spannart eignet sich nur für Drahtgestelle in zylindrischer und konischer Form. Alle Drahtteile sollten mit breitgemachtem Bast in der gleichen Farbe des Bespannmaterials (Band oder Garn) bewickelt werden; Anfang und zwischendurch immer wieder verkleben. Dann nimmt man das Band und fährt von Ring zu Ring oben und unten jeweils nach Drahtform eine Umwicklung und dann wieder zurück. Das Band sollte immer von außen nach innen gewickelt werden. Anfang und Ansätze bei Band oder Garn immer vernähen. Bei konischen Formen empfiehlt es sich, am größeren Ring mit dem Garn oder Band einmal um den Stab herumzufahren.

Flechtart 2a – rundgeflochten

Diese Flechtart eignet sich besonders für bauchige Formen (Halbkugel- und Kugelgestelle). Nehmen Sie breitgemachten Bast in der Farbe des Flechtmaterials und umwickeln Sie alle Drahtteile damit – UHU verwenden –. Beginnen Sie mit dem Garn oder Band am oberen Ring an einem Längsstab; der Anfang wird festgenäht. Man sollte am besten von links nach rechts rundherum arbeiten. Das Garn wird nun von oben um den Längsstab herumgeführt, dann zum nächsten Längsstab wieder oben herum usw.; auf gleichen Abstand achten. Wenn ein neues Strängchen Garn oder Bast verwendet wird, sollte der Ansatz sauber vernäht werden.

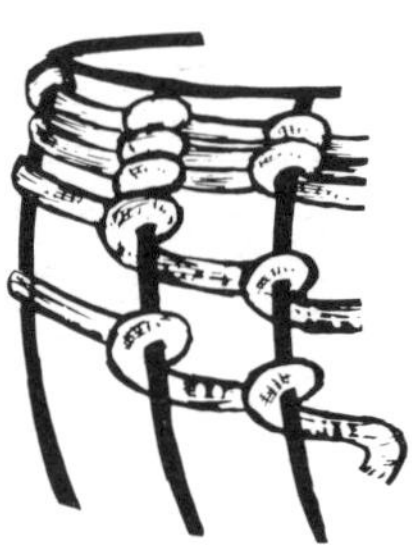

Flechtart 2b – rundgeflochten

Diese Flechtart eignet sich besonders für bauchige Formen (Halbkugel- und Kugelgestelle). Nehmen Sie breitgemachten Bast in der gleichen Farbe des Flechtmaterials und umwickeln Sie alle Drahtteile damit – UHU verwenden. –Beginnen Sie mit dem Garn oder Band am oberen Ring an einem Längsstab; der Anfang wird festgenäht. Man sollte am besten von links nach rechts rundherum arbeiten. Das Garn wird nun von unten um den Stab herumgeführt, dann zum nächsten Stab wieder unten herum usw.; auf gleichen Abstand achten. Wenn ein neues Strängchen Garn oder Bast verwendet wird, sollte der Ansatz sauber vernäht werden.

Flechtart 3 – Fäden durch Knopflochschlingen

Diese Flechtart eignet sich für zylinderförmige Drahtgestelle. Bei Verwendung von Bast oder Garn bis zu einer Stärke von ca. 3 mm. Hier werden die Ringe oben und unten mit Knopflochschlingen versehen. Nehmen Sie dazu den Faden doppelt. Die Schlingen sollten nicht so fest angezogen werden, damit man mit dem Spannfaden leicht einstechen kann. Dann beginnt man mit einfachem Faden die Spannarbeit. Der Faden wird an einer Schlinge vernäht und dann von unten nach oben jeweils durch die Schlingen geführt. Bei dieser Spannart bekommt man eine absolut exakte Arbeit, die sich jedoch nur für dünnere Garne eignet. Achten Sie darauf, daß die Schlingen schön gleichmäßig zusammengezogen werden, umso schöner wird die Flechtarbeit.

Flechtart 4 – Knüpffadengeflecht

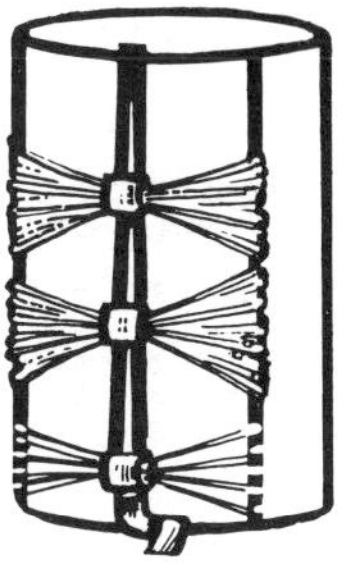

Zunächst muß das Drahtgestell nach Flechtart 2a oder 2b beflochten werden. Breitere Bänder und dickere Garne eignen sich nicht. Bast und Hobbygarne bis 3 mm ∅ sind gut verwendbar. Nehmen Sie auf einer großen Stopfnadel den Faden doppelt, dann am oberen Ring in der Mitte von 2 Längsstäben, entweder in eine Schlinge oder am Drahtring einstechen und einmal um den Ring herumführen. Dann werden jeweils 3–4 Spannfäden zusammengezogen. Mit den Fäden wird von vorne durch die Knüpfreihe gestochen, dann werden die nächsten 3–4 Fäden erfaßt und wieder mit den Fäden durch die Knüpfreihe usw. Für die Knüpfreihen evtl. auch Kontrastfarben verwenden. Am unteren Ring wird der Knüpffaden auf der Innenseite sauber verknotet, bzw. vernäht.

Spannart 5

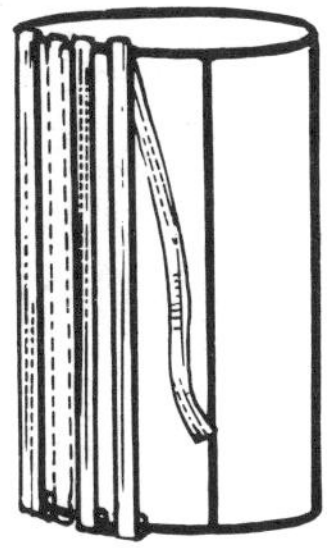

Für zylindrische Formen bei Verwendung von Band geeignet. Nehmen Sie breitgemachten Bast in der gleichen Farbe des Spannmaterials und umwickeln Sie alle Drahtteile damit – UHU verwenden –. Dann beginnt man an einem Ring. Das Band wird sauber vernäht. Man fährt mit dem Faden von oben nach unten oder umgekehrt, jeweils einmal um den Ring von vorne herum und einmal von hinten herum. Dabei muß der Faden immer wieder versetzt werden, so daß eine Fadenlänge innen und eine Fadenlänge außen liegt. Achten Sie auf gleichmäßige Abstände. Das Band zum Spannen sollte nicht breiter als 12 mm sein.

Flechtart 6 a – Kreuzgeflecht

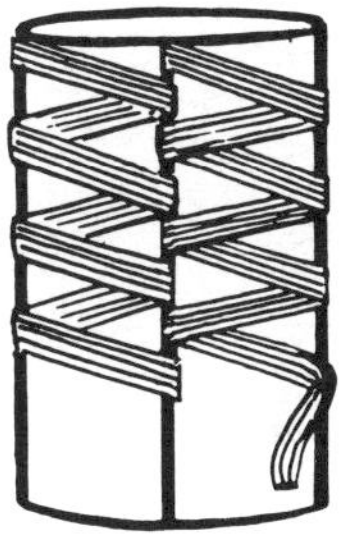

Mit breitgemachtem Bast (Farbe wie Flechtmaterial) alle Drahtteile umwickeln. Jede Längsreihe für sich bespannen. Anfang und Ende vernähen. Für jede Reihe gleich lange Stücke Band abschneiden. Das Band am oberen Ring an einem Längsstab vernähen, dann: zum rechten Stab, zum linken Stab, rechten Stab usw. Zwischenräume an den Längsstäben müssen genauso breit sein wie das Band, da die nächste Längsreihe des Nebenfeldes eingeflochten wird. Wenn eine Reihe geflochten ist, Band wieder aufmachen, messen, und für die einzelnen Felder Stücke abschneiden.

Flechtart 6 b – Kreuzgeflecht

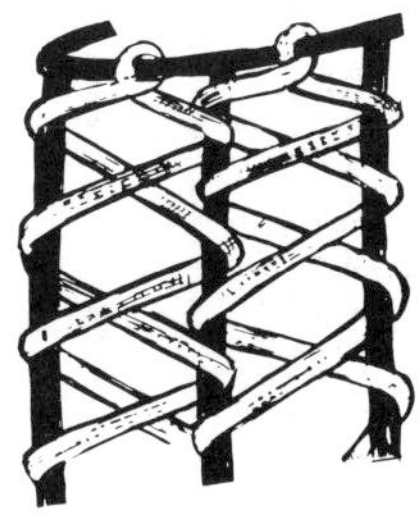

Mit breitgemachtem Bast (Farbe wie Flechtmaterial) alle Drahtteile umwickeln. Jede Längsreihe für sich bespannen. Anfang und Ende vernähen. Für jede Reihe gleich lange Stücke Band abschneiden. Flechten beginnt mit einer Schlaufe oben. Vom linken Stab mit dem Garn zum rechten Längsstab, dann: wieder zum linken und zum rechten führen, usw. Immer von vorne in Achterform um den Stab herum. Mit dem anderen Faden umgekehrt verfahren. Zwischenräume an den Längsstäben müssen genauso breit sein wie das Garn oder Band, da die nächste Längsreihe des Nebenfeldes eingeflochten wird.

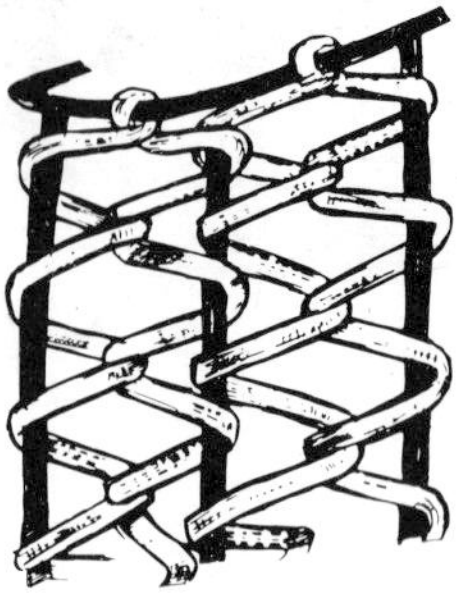

Flechtart 6c – Kreuzgeflecht

Jede Reihe für sich flechten. Die Fäden werden in der Mitte gekreuzt. Schneiden Sie für alle Längsreihen einen gleichlangen Faden ab, nehmen den Faden doppelt und beginnen mit einer Schlaufe am oberen Ring. Nach der Schlaufe Fäden kreuzen und jeweils von oben um die Drahtstäbe herum die Reihe flechten, wobei der Faden in der Mitte gekreuzt wird. Flechten in Achterform von einem Stab zum anderen. Der linke Faden geht nach dem Kreuzen der Fäden wieder zum linken Stab zurück und der rechte Faden geht ebenfalls nach dem Kreuzen zum rechten Stab zurück. Zwischenräume an den Längsstäben müssen genauso breit sein wie das Garn, da die nächste Längsreihe des Nebenfeldes eingeflochten wird.

Flechtart 6d – Schlingengeflecht

Für bauchige Drahtgestelle geeignet. Mit breitgemachtem Bast (Farbe wie Flechtmaterial) alle Drahtteile umwickeln. Mit dem Garn wird nun jede Längsreihe für sich bespannt. Flechten beginnt mit einer Schlaufe am oberen Ring. Die beiden Fäden werden danach gekreuzt und an den beiden Längsstäben von oben um den Stab herumgewickelt, dann beide Fäden zur Mitte führen, in der Mitte verschlingen und zum anderen Stab führen. Wieder von oben um den Stab herum und wieder zurück, in der Mitte verschlingen usw. Je nach Abstand der Längsstäbe kann man eine oder mehrere Schlingen machen. Zwischenräume an den Längsstäben müssen genauso breit sein wie das Garn, da die nächste Längsreihe des Nebenfeldes eingeflochten wird. Fadenenden vernähen.

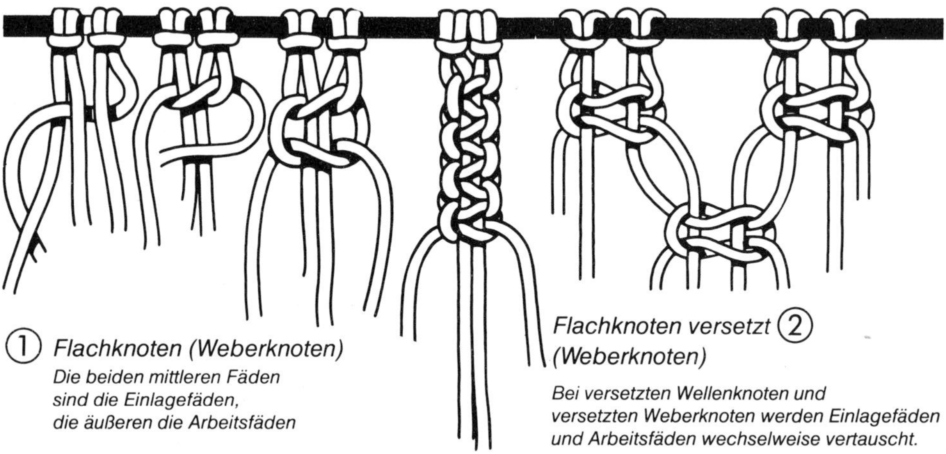

① *Flachknoten (Weberknoten)*
Die beiden mittleren Fäden sind die Einlagefäden, die äußeren die Arbeitsfäden

Flachknoten versetzt ② *(Weberknoten)*
Bei versetzten Wellenknoten und versetzten Weberknoten werden Einlagefäden und Arbeitsfäden wechselweise vertauscht.

③ *Josefinenknoten*